# LLWYBRAU DDOE
## Atgofion drwy Ganeuon

# Llwybrau Ddoe
# Atgofion drwy Ganeuon

## Tudur Morgan

### Gol.: Geraint Lovgreen

Gwasg Carreg Gwalch

Argraffiad cyntaf: 2021
Hawlfraint y caneuon a'r testun: Tudur Morgan 2021
Hawlfraint y gyfrol: Gwasg Carreg Gwalch 2021

Rhif Llyfr Safonol Rhyngwladol:
978-1-84527-787-1

CYNGOR LLYFRAU CYMRU

Cyhoeddwyd gyda chymorth Cyngor Llyfrau Cymru

Cynllun y clawr: Charli Britton

Cyhoeddwyd gan Wasg Carreg Gwalch,
12 Iard yr Orsaf, Llanrwst, Dyffryn Conwy, Cymru LL26 0EH.
Ffôn: 01492 642031
e-bost: llyfrau@carreg-gwalch.cymru
lle ar y we: www.carreg-gwalch.cymru

Argraffwyd a chyhoeddwyd yng Nghymru

Cyflwynedig i ferched fy mywyd,
Nansi, Annwen, Rhiannon a Nia –
ac i Elis Ioan a Meilir Tomos.


Er cof am Richard a Mary Roberts, Rhosybol,
Ellen a Tomi, John Morgan a'i deulu, Capel Coch,
Jac 1929–1976, teulu Stiniog, y diweddar Emrys Evans a
Menna a'r genod, Marian a Gwennan a'u cysylltiadau,
a'r teulu oll, ddoe a heddiw.

# Cynnwys

Cyflwyniad 9

Pennod 1 – Maenaddwyn i Manitoba 10

Pennod 2 – Stryd America 16

Pennod 3 – Enfys yn Ennis 22

Pennod 4 – Seren Saron 28

Pennod 5 – Dim Difaru; Dim Troi'n Ôl 36

Pennod 6 – Rhwng Dau Ola' 42

Pennod 7 – O'r Pridd i'r Pridd 48

Pennod 8 – Roisin a Ceri Ann 52

Pennod 9 – Naw Stryd Madryn 58

Pennod 10 – Pan Flagura'r Rhosyn 64

Pennod 11 – Giatia Gresland 68

Pennod 12 – Nia 72

Pennod 13 – Porth Madryn 76

Pennod 14 – Llwybrau Ddoe 80

Pennod 15 – Baled Lisa Jên 84

Pennod 16 – Dail Hafana 88

Pennod 17 – Ac eraill ... 92

Cydnabyddiaeth 98

# Cyflwyniad

O fewn ychydig ddrysau i'w gilydd ar stryd o dai yn Llangefni rywbryd tua chanol yr ugeinfed ganrif ganwyd dau bâr o frodyr. Mae'r pedwar hynny bellach yn rhan o hanes cerddoriaeth gyfoes Cymru: Emyr a Tudur Huws Jones, a Tudur a Bedwyr Morgan. Mae'r pedwar yn eu tro wedi cyfansoddi caneuon sydd wedi bod yn gyfeiliant i fywyd miloedd ohonom dros yr hanner can mlynedd diwethaf, a'r hanes y tu ôl i ganeuon un o'r pedwar, Tudur Morgan, a gawn yn y gyfrol hon.

Mae cyfraniad Tudur Morgan i'r byd canu cyfoes wedi bod yn helaeth iawn, fel canwr a chyfansoddwr ac fel offerynnwr a chynhyrchydd, ac y mae'n dal i gyfrannu o hyd. Daeth i'r amlwg fel aelod blaenllaw o'r grŵp gwerin poblogaidd 4 yn y Bar, yn ogystal â nifer o grwpiau eraill, ond yn bennaf fel aelod gyda'i frawd Bedwyr o'r band Mojo. Mae'n lleisydd ac yn gitarydd talentog, a bu'n cydweithio gyda nifer o artistiaid – fel y gwelwn ar dudalennau'r gyfrol ddifyr hon – yn enwedig ym maes y canu gwlad.

Bu Tudur yn gweithio gyda ni yng Nghwmni Sain am rai blynyddoedd fel swyddog cyhoeddusrwydd, a bu'n cynhyrchu nifer o'n recordiau. Bu hefyd yn aelod o'r Band y bues i'n eu llusgo o gwmpas Cymru drwy gydol y 90au ac wedi hynny, fel gitarydd blaen a chefn-leisydd medrus, ac yr oeddwn yn falch iawn o'i gyfraniad bob amser.

Braf iawn mewn cyfrol fel hon yw cael y stori tu ôl i'r caneuon, ac i ddeall mwy am y modd y bu Tudur yn cydweithio gyda chynifer o gantorion o bob cwr o Gymru.

*Dafydd Iwan*
*Chwefror 2021*

# I

# Maenaddwyn i Manitoba

Ffarwelio â'r ŷd, down oll ynghyd
Wrth ymadael â'r dreflan,
Do, daeth yr awr, cerddwn yn ddewr,
Roedd y dagrau ym mhobman;
Daeth yr awr, daeth y dydd,
O'n cadwynau down yn rhydd,
Hwyliwn i Fanitoba draw,
Codi angor; codi llaw
O gynefin y gwir i wlad yr hud,
Ffarwelio â'r Maen, â'r llong yn ei blaen
Ar saith llanw y cefnfor,
Bodafon mor fud, aberthwn ein byd
Fel ŵyn ar yr allor.
Dwfr Clorach pur ei flas,
Blodau'r ddôl a'r erwau glas,
Hwyliwn i Fanitoba draw,
Codi angor, codi llaw
O gynefin y gwir i wlad yr hud.

*Maenaddwyn ... un o 50 o ganeuon Mojo*

Pan fo rhywun yn gosod y geiriau 'mynydd' a 'Môn' yn gyfochrog yn yr un frawddeg, bydd y rheiny sydd ddim o'n hochr ni i'r Fenai yn debygol o chwerthin yn goeglyd. Ond i ni Fônwysion, MAE yna fynyddoedd yn bodoli ar ein hynys. A chysgod un o'r rheiny – Mynydd Bodafon – welodd fy nhaid, John Morgan, Capel Coch wrth iddo adael Maenaddwyn gyda'i deulu bach am Manitoba, Canada yng ngwanwyn 1926.

Penderfynodd taid ymfudo, a mynd â'i wraig Elizabeth ynghyd â'u merch fach Bet gyda nhw i ddechrau bywyd newydd mewn ffermdy yr ochr draw i Fôr Iwerydd.

Derbyniodd gynnig cymydog, a aeth â nhw yn un o geir prin yr ardal heibio llythyrdy'r Maen i orsaf Llangwyllog oedd ond rhyw chydig o filltiroedd lawr y lôn i ddal y trên a âi â nhw yn ar eu hunion i borthladd prysur Lerpwl. Dyma gyrraedd yr union gei lle yr ymadawodd criw anturus ar y Mimosa i

11

sefydlu'r Wladfa ychydig dros drigain mlynedd yn gynharach yn 1865.

Yno ar y cei dyma'r teulu bach yn byrddio llong oedd am adael arfordir gogledd-orllewin Môn, Cymru a Lloegr o ran hynny ar fordaith pum niwrnod. Pendraw'r fordaith fyddai tirwedd gwahanol iawn i diroedd eu cynefin, gyda mynyddoedd creigiog, afonydd, llynnoedd, peithiau a fforestydd meithion dwyrain Canada yn ymestyn o gwmpas eu cartref newydd.

Ymsefydlu yno a chael cyfle i fyw bywyd gwell, dyna oedd y bwriad a'r gobaith, beth bynnag, nes i fflamau tân digyfaddawd ysu a distrywio'u cartref a'u breuddwydion lai na thair blynedd ar ôl iddyn nhw ddechrau ar eu bywyd yn y wlad bell.

Ar ôl setlo ar eu ffermdy bychan a chynefino â'r pridd a'r plwy newydd, wrth daflu glo ar danllwyth o dân ni wyddai John Morgan y byddai gorchest mor gyffredin â cheisio cynhesu ei gynefin dieithr yn esgor ar drasiedi deuluol mor annisgwyl a chreulon. Ond wrth geisio diffodd y tân a laddodd ei wraig a'i ferch, cyflawnodd un arbediad rhyfeddol. Llwyddodd i achub

*Bwlch y Daran, cartref taid – John Morgan, Capel Coch, nepell o Faenaddwyn*

aelod diweddara'i deulu, sef Jac, oedd ond yn ddeunaw mis oed drwy ei daflu'n gorfforol drwy un o ffenestri'r gegin. Disgynnodd y plentyn yn anymwybodol ond yn ddiogel yn lluwch eira Manitoba. Y Jac hwnnw fyddai tad fy mrawd Bedwyr a minnau.

Ar ôl rhai misoedd wedi'r tân, penderfynu dychwelyd i Fôn wnaeth John Morgan, nôl i fwthyn Bwlch y Daran rhyw filltir neu ddwy o Faenaddwyn. Dyma'r dreflan lle byddai'r saint Seiriol Wyn a Chybi Felyn yn cyfarfod wrth ffynnon Clorach ar ôl iddynt gerdded yno, y naill o ogledd Môn a'r llall o dde'r ynys. Gwres yr haul roddodd eu henwau difyr i'r ddau.

Bu i John ddechrau gweithio ym Mhlas Tre Ysgawen yn ddiweddarach ac wrth i 'Jaci' dyfu'n ddyn ifanc dechreuodd ganlyn Nansi, un o genod y pentre. Ac ar ôl priodi, ganwyd iddynt ddau fab. Daeth un, sef fy mrawd bach Bedwyr, yn barafeddyg, a finnau'n gerddor.

Ysgrifennwyd y gân a ysbrydolwyd gan y digwyddiad hwn yn gyntaf o dan y teitl 'Bridges to Babylon'. Dyna oedd y teitl gwreiddiol ar ôl i Mojo benderfynu ceisio ysgrifennu caneuon a fyddai'n cael eu recordio fel caneuon gwlad yn Nashville. Methu er hynny wnaeth ein hymgais i wneud ffortiwn. Ond mi lwyddwyd i gyrraedd clustiau un o brif grwpiau canu gwlad America, Alabama, o Carolina, sy'n cynnwys prif ganwr o dras Cymreig efo llais gwych, sef Randy Owen. Ac yn ôl trefnydd clwb dilynwyr ffans y band roedd yr hogia wedi bod yn gwrando ar ein CD tra'n teithio yn eu 'tour bus'. Ac fe wnathon nhw anfon llythyr yn diolch i ni a chanmol ein gwaith. Ond yn anffodus ddaeth yna ddim ffortiwn o'r US of A, 'mond llun o Randy Owen i'w fframio a'i hongian ar un o walia Gwalia. Diolch byth nad oedd o'n byw ym Môn efo enw fel Randi Ŵan!

'Maenaddwyn i Manitoba' yw'r ail waith i mi gyfrannu ar gyfer prosiect cerddorol *Ardal*, pumed albwm ein band harmoni-roc, Mojo. 'Rhosyn Ola'r Haf' oedd y tro cyntaf i gân ar y thema gyrraedd CD, a *Stryd America* gan 4 yn y Bar yn 1992 oedd honno. A chyhoeddwyd fersiwn newydd wedi ei ail-fastro o'r albwm ar CD yn 2020. Bydd mwy o hanes y cywaith yma ym mhennod 'Stryd America' yn y llyfr hwn.

Wrth sgwennu cân i ddau grŵp hollol wahanol i'w gilydd roedd gofyn am leisiau, offerynnau a medrusrwydd stiwdio hollol wahanol a chefais fy mhlesio'n arw hefo'r canlyniadau. Mae ceisio ail-fyw profiadau teuluol o'r oes o'r blaen wedi dod ag atgofion yn ôl o'r e-bost a dderbyniais o lyfrgell Foxwarren, Manitoba tua degawd yn ôl am y ffermdy tlodaidd a'r gŵr o Gymru a'i deulu bach adawodd eu pentref nôl am Ynys Môn yn 1929. 'Your email came to us thru cyberspace like a ghost from the past' oedd y neges.

Mae'n siwr fod e-bost gan ganwr pop o Fôn wedi styrbio llyfrgellydd Foxwarren. Ac yn wir, cyrhaeddodd swp o doriadau papur newydd o'r cyfnod a llythyr gan un hen wraig a gofiai glywed cri arallfydol fy nhaid wrth iddo ymladd y tân ffyrnig ddaeth i frathu bywyd ifanc a lladrata'i wraig a'i blentyn hynaf cyn pryd yn nannedd oerfel dwyrain Canada bron i ddwy ganrif yn ôl.

Ysgwn i oes yna beth o ysbryd Canada yn y gân ar CD Mojo? Oes yna fymryn o adlais gitarau Neil Young neu Joni Mitchell? Neu flas o un o bedwar gwynt cân enwog Ian Tyson, a brynodd fferm anferth ar ôl ennill cymaint o freindal ar ôl i Young recordio fersiwn hynod o lwyddianus o'i gân fyd-enwog 'Four Strong Winds' yn 1978? 'Wnest ti'n dda o freindal Neil Young o dy gân?' gofynnodd gohebydd y cylchgrawn roc *With It* i Tyson. 'Ti'n eistedd ynddo,' atebodd hwnnw, gan wenu'n fodlon!

Dyma gân a wnaeth ddenu Eirlys Parry i gynnwys 'Pedwar Gwynt' ar ei record fer i Sain yn 1974 ac eto yn 1982 ar ei halbwm cyntaf, *Cannwyll yn Olau*, gyda'r cynhyrchydd Gareth Hughes Jones (cyn-bartner cerddorol Morus Elfryn, Nerw. Adunwyd y ddau'n gerddorol, yn ddiweddar, gyda llaw). Unwaith y bu i mi drosglwyddo'r gân i recordiad a wnaed yn heulwen Llandudno ym Medi 2006 gyda chefnogaeth Cwmni Fflach; unwaith i Pete golbio'i ddrymiau yn sensitif, i Bedwyr drydaneiddio'i gitâr at y cywaith a'i ychwanegu at gitarau acwstig a bâs o ngwaith i, a John Wilias a'i berdoneg deimladwy cyn i harmonïau hogia Môn wasgaru hud ar y stori drist deuluol. Heb y digwyddiad, fuasai yna ddim brodyr Morgan, na Mojo chwaith. Na'r gyfrol hon, o ran hynny!

Yn ddiweddarach yn ei fywyd ailbriododd Taid efo Jennie o Fynydd Bodafon, nid nepell o Faenaddwyn, ar ôl i'w thad hithau orfod gadael y mynydd i chwilio am waith yn y 20au. A gadawodd mab eu mab, David, yn ddiweddarach i sefydlu busnes gwaith saer coed, eto i gyfeiriad y de i Gribin, Sir Aberteifi, pentref y gyrrais trwyddo ugeiniau o weithiau tra'n teithio Cymru fel gitarydd a chanwr harmoni fel aelod o Fand Dafydd Iwan.

Mae'r Morganiaid o Fôn wedi cyrraedd pellafoedd Cymru trwy ganeuon amrywiol a chanrifoedd gwahanol, a hynny ymhell o Gapel Coch, Bwlch y Daran a'i ffynnon, a pherllan y clywir amdani yn y gân 'Rhosyn Ola'r Haf', a ymddangosodd ar CD olaf 4 yn y Bar, *Stryd America* a gyhoeddwyd yn 1992 ac yn 2020 ar ôl ei addasu'n ddigidol i wella pethau hefo'r cyfrifiaduron diweddaraf. Mae technegau stiwdio'n diweddaru'n barhaus.

Er i'n huned deuluol fod yn un hapus tra roeddem yn blant, cafodd Dad cyn ein geni ddamwain ddifrifol tra'n brentis yn ffatri Saunders Roe, Biwmares, a gwasgwyd ei ben rhwng bws a wal. Ac er iddo oroesi damwain greulon, ni fu mor lwcus yn 1975 yn fuan wedi i Mam ac yntau ddychwelyd o wyliau yn Sir Aberteifi. Yn fuan wedyn, ym mis Chwefror 1976 bu farw'n 46 oed ar ôl dioddef tiwmor ar ei ymennydd, gan adael Mam (oedd yr un oedran ag ef), Bedwyr yn 15 a minnau'n 17.

Ai'r ddamwain ym Miwmares neu'r ffaith ei fod wedi gweithio mewn gorsaf niwclear – ei swydd gyntaf – a ddatblygodd aflwydd y tiwmor? Pwy a ŵyr?

## 2.

# Stryd America

Eryri yn croesawu'r wawr.
Ffarwel i fwynder Mona.
Eira claerwyn ar y llawr.
Daeth yr awr i ni fynd o 'ma
Yn un o'r fflyd i wlad yr hud,
'Gobaith gwaith yn y newydd fyd'.
Ond fel gwanwyn gemog yn y pridd
Down ninnau'n ôl rhyw ddydd
I Stryd America.

Manhattan yn croesawu'r wawr,
Erys erwau'r Amerig.
Yr eira dieithr ar y llawr
Yn nhymor clên y c'lennig,
Ar Ynys Elis unig fud,
O, beth a ddaw yn y newydd fyd?
Ond fel gwenoliaid prydlon uwch y pridd
Down ninnau'n ôl rhyw ddydd
I Stryd America

*Taid Derec 'teiars' Owen un o bostmyn Stryd America*

Doeddwn i ddim yn chwilio am deitl i gân arall tra'n disgwyl i olau traffic ym mhentref Gaerwen newid o goch i wyrdd. Roedd hyn yn y cyfnod gwanwynaidd hwnnw ar ôl geni Rhiannon, plentyn cyntaf Annwen a minnau ym mis Chwefror 1991. Mae hi bellach yn fam i Elis Ioan, yn bensaer, ac yn byw yn y pentref sy'n gefndir i'r gân hon hefo Bedwyr, mab i deulu o fasnachwyr olew lleol. Na, nid yr Ewings, ond teulu'r Williamsus o'r ardal.

Tra roeddwn i'n synfyfyrio yn fy nghar yn disgwyl i'r goleuadau newid lliw, sylwais ar furddyn i'r chwith sydd wedi diflannu erbyn hyn – safle caffi Gaerwen, a anfarwolwyd yng nghân Tony (ac Aloma) Jones. A dyma fi'n rhoi cychwyn i enedigaeth cân arall ar ôl gweld arwydd y stryd ar fy chwith, sef America Street.

Yn ôl y chwedl, postmyn lleol fathodd yr enw Stryd America arni ar ôl sylwi fod miloedd o lythyrau yn hedfan yn ôl ac ymlaen dros yr Iwerydd ar ôl i gymaint o drigolion o'r pentref ymfudo yno trwy Ynys (Sam o Wrecsam) Ellis i chwilio am y 'Freuddwyd Americanaidd'.

Roeddwn yng nghanol gweithio ar albwm ar y pryd – yr un olaf ac annisgwyl gan 4 yn y Bar. Roedd Fflach wedi cynnig i ni recordio a gwnaed hynny trwy recordio fy sesiwn yn eu stiwdio yn Aberteifi. Defnyddiwn hefyd Stiwdio Sain Llandwrog, Stiwdio Ofn, Llanfaelog a Stiwdio Cantor, Bangor.

Wrth agosáu at gwblhau'r prosiect a alwyd yn 'gampwaith o Gymru' gan Laurie Devine, asiant cerddoriaeth werin o America o bob man, ar ôl i 'Stryd America' ddod yn gân-deitl i'r CD, yn 1992 ganwyd ein halbwm olaf.

Cyhoeddwyd fersiwn newydd wedi ei ail-fastro trwy'r cyfrifiaduron diweddaraf yn 2020 wrth i'r casgliad agosáu at ei benblwydd yn 30 oed.

Gan fod teithio i Aberteifi'n anghyfleus ac yn ddrud i dri Monwysyn a Chofi, recordiwyd y gân 'Stryd America' ac ambell i gân arall mewn stiwdios oedd yn lleol i'r 4 yn y Bar, yng nghyfleusterau digidol newydd sbon (ar y pryd) Stiwdio Cantor yn Neuadd Powys, Prifysgol Bangor. Honno a ddewisiwyd ar gyfer y fenter hon, ac un yn unig oedd yn y bar, neu'n hytrach yn y stiwdio ar gyfer hon, sef fi. Ac mi aeth pethau'n hwylus iawn gyda'r sain digidol newydd yn gweddu'n berffaith i'r trac. Bûm yn difaru wedyn nad ychwanegais gitâr fas wrth recordio, ond mi wnes yn 2014 mewn stiwdio arall yn Llandudno.

Roedd – ac mae – peiriannydd profiadol medrus ac amyneddgar yn hanfodol wrth recordio, a chafwyd gwasanaeth y diweddar Bryn Jones, sefydlydd Cantor ar ôl blynyddoedd efo Cwmni Sain, un oedd wedi recordio unrhyw un oedd yn unrhyw beth, o Edward H. Dafis i Hergest a Dafydd Iwan.

Roedd recordio'r prif lais yn Stiwdio Cantor yn brofiad gwahanol gan fod ffenest yn y rhan yna o'r adeilad yn cynnig golygfa hyfryd o Fangor a'r arfordir draw at Landudno yn glir.

# 3,AMERICA STREET

Roedd un o luniau Ed Povey i'w weld ar wal Neuadd Powys wrth gerdded i mewn. Ond nid yw Cantor yn bod bellach. Ac er bod Bryn wedi'n gadael ni, mae'r recordiadau a wnaed yno yn saff am byth, diolch i'r cyfrwng digidol. (Sesiwn gofiadwy arall i mi yn Stiwdio Cantor oedd recordio lleisiau ar gyfer prif gân ffilm *Jini Mê* gyda Geraint Roberts, Traws, a Bedwyr fy mrawd a minnau'n cyd-ganu – a chyd-chwerthin – wrth wneud hynny.)

Ar ôl datgelu trwy ddychymyg hanesion trigolion Gaerwen oedd wedi ymfudo i America, un arall o'r caneuon a sgwennwyd yn ystod yr un cyfnod ac a recordiwyd yn Cantor, Bangor, oedd 'Enfys yn Ennis', a hanes hon gewch chi yn y bennod nesaf.

A thra bod America'n cael holl sylw'r bennod hon, mi arhoswn ni yno am funud a thrafod fy hoffter – na, fy obsesiwn – efo'r wlad a'i gitarau a'i hartistiaid cerddorol sy'n eilunod ac yn benseiri prif ddiwylliant y byd cerdd ym mhob arddull. A datganaf fy niolch iddynt.

Ie, diolch i'r Cymry a ymfudodd yno gan wasgaru ein diwylliant cerddorol, hyd yn oed ym mynyddoedd gleision cartref Dolly Parton. Mae hi'n ein henwi ni ar ddechrau un o'i CDs byw fel un o'i dylanwadau. A thrwy dechnoleg y we bu i ni (tri o Mojo) gyfarfod ag un o grwpiau enwoca'r byd – Toto – ym Manceinion. Dro'n ôl bu fy mrawd Bedwyr yn trafod gitarau ac yn anfon, eto trwy gyfrwng y we, sylwadau at gitarydd byd-

*Llythyrdy Maenaddwyn*

enwog y band, Steve Lukather, unawdydd ar y gitâr ar CD chwedlonol Michael Jackson, *Thriller*.

Fe anfonodd Steve air yn ôl ato sawl gwaith yn canmol ei waith, a phan oeddem ni yn Bridgewater Hall, Manceinion, yn ddiweddar fe ymunodd â ni, a ninnau yng nghanol sipian paned hyfryd o goffi ac yn edrych ymlaen at glywed Toto yn perfformio caneuon fel 'Africa'. Roedd Steve wedi gadael tocynnau am ddim i ni er mwyn i ni fedru mwynhau'r sioe am ddim yn ogystal â'n gwahodd i'w gyfarfod ef a'i gyd-aelodau ar ddiwedd y perfformiad.

Yr aelod cyntaf i ni ei gyfarfod oedd eu canwr, Joseph Williams, mab y cyfansoddwr John – cyfaill agos i Steven Spielberg a chyfansoddwr miwsig eiconig ffilmiau fel *Jaws* ac *ET*. Mae'n gyfarwydd â chymaint o alawon byd-eang. Dyna pam y clywir 'Si Hei Lwli' ar ddiwedd y ffilm *Empire of the Sun*, sef bod John yn cofio'r alaw o'i blentyndod. Ac yn wir, roedd cyngerdd y band yn dathlu'r deugain oed yn wers bwysig i ni ar sut mae perfformio. Does ryfedd ein bod ni wedi mopio ar fiwsig Teulu Yncl Sam!

# 3.

## Enfys yn Ennis

Dafydd Jôs yn llewys'i grys
A hithau'n ddiwedd ha',
Torrwn gŵys trwy'r tonnau mawr a mân,
Awel Môn yn deffro'r llus
Yn dyner uwch y don
Ac Ynys Lawd yn wylo ffarwel gân;
Bodafon, Tŵr a'r Garn yn gefn wrth i ni fynd i'r môr,
Slieve Donard, Howth a Wicklow'n galw'n gôr.

Mae enfys yn Ennis
Yn coluro tre' Clare,
A hadau haf yn hudo dawns y clêr;
Enfys yn Ennis
Yn coluro tre' Clare,
A therfyn haf yn trefnu dawns y clêr

Trwy niwloedd hud a hanes
I'r mawndir dan fy nhroed.
Mae Erin deg yn canu oesol gân
O'r hedd sydd yn y meini
I furmur dyfroedd glân.
Dilynwn lwybrau llên i gadw'r oed
O lannau Llinnon loyw, fud
I donnau mwyn y môr,
Ac Arran draw yng nghysgod Moher glyd
O burion erwau'r Boirean
i Doolin wrth y don
O Lisdoonvarna deg i Inis Mor.

*John F. Kennedy*

Roeddwn wedi edrych ymlaen ers blynyddoedd at dreulio wythnos ym mherfeddwlad Iwerddon. Ers 1982, i fod yn fanwl, pan oeddwn 'yn bomio lawr yr hen lôn bost,' chwedl Ems. A gwneud hynny i gyfeiliant dwy record hir newydd a glywswn gyntaf ar wasanaeth radio *RTE* pan oeddwn yn teithio adra o Stiwdio Sain ar ôl recordio cân groeso i Steddfod Genedlaethol Llangefni '83.

Archebais y ddwy record o Siop y Cob, Bangor y bore canlynol. Daethant yn ddwy o'm ffefrynnau, gan ddal i fod felly hyd heddiw. Y ddwy oedd *Hard Station* gan yr athrylith Paul Brady a *Moving Hearts* gan y brenin Christy Moore a'i hudol lais.

Dwy gân yn arbennig wnaeth agor fy llygaid – neu fy nghlustiau – i gyfoeth caneuon ac alawon gwerin Iwerddon sef 'Crazy Dreams' gan Paul Brady a 'Hiroshima Nagasaki Russian

Roulette' gan Christy Moore. Christy oedd fy nghyflwyniad i gyfoeth y gân a'r alaw werin Wyddelig. Americanwr, Jack Warshaw, sgwennodd gân Christy ond sain Wyddelig digamsyniol y grŵp Moving Hearts roddodd fywyd bytholwyrdd iddi.

Gwibiwn ymlaen i 1992, ac mi roedd yna gynnwrf a hanner ym Mrig y Nant, Llangefni pan adawodd y Morganiaid, efo Rhiannon yn ddim ond deunaw mis oed, am Gaergybi ar hyd y lôn gefn. A chyn pen awr neu ddwy roeddem ar ddechrau'n gwyliau efo Dafydd Jôs yn llewys ei grys a mynyddoedd y Gard a'r Twr o'n holau a mynyddoedd Wicklow'n ein cymell tua'r gorwel.

Wedi i ni gychwyn am Tipperary a Clare roedd cryn dipyn o siwrne yn dal o'n blaen wedyn cyn cyrraedd yr arfordir gorllewinol. Finna wedi bod yn edrych ymlaen gymaint at ddrachtio'r un awyr iach â rhai o'm heilunod o'r ardal, yn gantorion, chwaraewyr y pibau *uillean* (penelin) ac offerynwyr medrus ac artistiaid unigryw eraill fel Andy Irvine, a sgwennodd yr hyfryd 'West Coast of Clare'. Ac yn wir, dyma gyrraedd y feri lle! Ar ôl cyrraedd tref Ennis, wyddwn i ddim, nes i ni droi nôl am ein cartref gwyliau, lle mor lliwgar oedd o.

Ar ôl diwrnod llawn hwyl hafaidd yn ymweld â Doolin, Spanish Point, Lahinch a lleoedd eraill efo enwau mor rhamantus, cychwynnais nôl efo'r merched yn fy hoff gar ar y pryd, Vauxhall Cavalier lliw aur. A chyn hir roedd yna lawer mwy o liw yn yr awyr, lliwiau llawn yr enfys yn fframio ymylon tref Ennis. 'Enfys yn Ennis!' medda fi'n uchel. 'O, na! Cân arall!' meddai gwraig gysglyd wrth fy ymyl. Ddudis i'm gair arall 'mond sgwennu'r gân yn ddistaw ar ôl cyrraedd adra wythnosau'n ddiweddarach.

Fe'i dewiswyd gan Linda Griffiths ar gyfer ei CD *Plant y Môr* y gwnaethom ei recordio flwyddyn yn ddiweddarach yn Stiwdio Sain. Mae hi'n cael ei chwarae ar y radio'n rheolaidd hyd heddiw. Weithiau mae'n talu i beidio cymryd sylw o'ch gwraig. (Ddim ond weithiau, cofiwch!)

Mi fydd fy ngwyliau yn yr ardal arbennig hon yn Iwerddon a'r atgofion am y genod yn ystod eu blynyddoedd cynnar yn drysor fydd yn oedi yn fy nghof am byth. Roedd cael anadlu awyr iach erwau gwyrddion Ennis a gwynt hallt y môr ar y Spanish Point a Doolin yn brofiad uniongyrchol wrth gyfansoddi. A theimlwn fod peth o gyffyrddiadau rhai o fy hoff artistiaid o'r Ynys Werdd wedi fy helpu i grynhoi fy amser yn yr ardal.

Roedd y teulu oedd yn berchen y byngalo lle'r oeddem yn lletya ger Nenagh yn berthnasau agos i'r Kennedys eraill hynny, y teulu nid anenwog o America. Yn wir, roedd Mrs Kennedy mor falch o'i chefndryd a'i chyfnitherod niferus yno – John F, Teddy, Bobby a'r teulu oll – roedd llun anferth ohonynt ar wal y stafell fyw. A mynnodd y wraig garedig roi llond basged o sgons a choffi i'n teulu bach bob dydd. Yn nhref Nenagh, gyda

*Branwen sy' 'run oed â'm merch hynaf – 30*

*Davy Spillane gyda'i bibau penelin*

llaw, mae ffatri ambiwlansys Iwerddon. Ie, ie, canwch y sŵn mae pob ambiwlans yn ei chanu, 'Ne-nagh! Ne-nagh! Ne-nagh!'

Roedd cael byw ymysg trigolion Tipperary a Clare am wythnos yn agoriad llygaid ac mi ges i gân yn y fargian – heb sôn am sgons blasus Mrs Kennedy! Ar ôl y gwyliau gwych roedd hi'n union fel edrych ymlaen at y Dolig yn ein tŷ ni wrth i mi ddisgwyl yn eiddgar ychydig wythnosau'n ddiweddarach at ddyfodiaad aelod diweddara'n teulu ni – gitâr newydd oedd ar ei ffordd o Newtonards ger Belfast mewn bocs diogel.

Roeddwn i wedi bod yn ffan, â deud y lleiaf, o gitarau celfydd George Lowden, Belfast am hydoedd, a byddaf yn sôn amdano mewn penodau eraill yn y llyfr hwn. A phan gyrhaeddodd y gitâr, dyma yn wir beth oedd dyfodiad Dolig cynnar.

A thros ugain mlynedd yn ddiweddarach, mae'r offeryn yn canu'n felysach nag erioed gan aeddfedu wrth heneiddio fel y gwna'r gwin gorau. Yn wir, fe'i defnyddiwyd yn egscliwsif yn ddiweddar ar CD unigryw Ems, *Perthyn*.

Fe wnaeth hyn fy atgoffa o brofiad chwerw-felys a ddigwyddodd mewn eisteddfod yn yr Ysgol Gyfun pan oeddwn i tua 14 oed. Y stori gefn llwyfan yn y steddfod oedd bod un o brif ferched yr ysgol, Leah Owen o bawb, yn chwilio am ddau neu dri o gitaryddion i gyfeilio i ryw gân neu'i gilydd iddi. Ni ches fy newis, a finna'n berchen ar dri chord o leia. Willie Nelson rywbryd wnaeth ddisgrifio canu gwlad yn gryno iawn fel 'three chords and the truth.'

Wrth lwc, cefais sawl cyfle wedyn rhwng bod yn 14 oed a heddiw i chwarae ar rai o LPs Leah ac ar CD diweddaraf Ems, ein heilun ni hogia ar strydoedd Llangefni gynt. Heb anghofio cyfeilio ddwsinau o weithiau i Dafydd Iwan a'r Band ledled Cymru a'r Alban.

# 4.

## Seren Saron

Beunydd daw bob echdoe'n wir,
Y cwrdd, Rhodd Mam a'r Ysgol Sul
A dysgu am y gau a'r gwir
A chadw at y llwybr cul.
Beunos daw pob ddoe yn ôl
A lleisiau'r plant ar awel fwyn,
Heulwen Mai rhwng y graig a'r ddôl
A chlychau'r gog yn llenwi'r llwyn.

Ac mae Seren Saron ar ei thaith
Yn murmur trwy'r mudanod maith
Trwy'r bydysawd du di-derfyn
Yn unigeddau'r cosmos
Lle nad oes gwawr na nos,
I'r entrychion di-ben-draw.
Ffarwel, ffarwel.

Yr hydref heddiw'n llusgo'i draed
Wrth frathu ein hieuenctid byr,
Ein diolchgarwch yw'n cig a'n gwaed,
Ein haur a'n thus a myrr;
Heno yma'n Min y Don,
Eu diniweidrwydd aeth ar ffo,
Gwarchodwn gân y llancesau llon
A'u trysorau oll dan glo.

*Comed Hale Bopp*

Tra'n ymarfer yn yr hen ysgol gynradd sy'n ganolfan Rhosmeirch, tua milltir y tu allan i Langefni, ar noson ddu fel bol buwch, a dim llygredd golau yn unlle, gwelsom un o ryfeddodau'r gofod. Y digwyddiad oedd ymddangosiad prin y gomed Hale Bopp anferthol oedd yn debycach i blaned yn ymlwybro'n boenus o ara deg heibio'n planed ni ar ei ffordd i nunlle rhwng y sêr.

Roedd hwn yn ddigwyddiad prin yn hanes y bydysawd, ac fel Comed Halley a ymddangosodd ddiwethaf yn 1986, mi gafodd hon hefyd enw. Y tro nesaf y daw'n ôl, meddan nhw, fydd yn y flwyddyn 4380. Ie, Hale Bopp yw'r enw swyddogol. Ond i mi, Seren Saron oedd hi. Ac ychydig flynyddoedd yn ddiweddarach arweiniodd yr atgof clir amdani at eni cân arall.

Yn wir, roedd hi'n ddeng mlynedd cyn i mi groniclo'r digwyddiad ar gân, a hynny ar gyfer ychwanegu at ganeuon y

CD *Ardal*. Roedd arnom angen dwy gân i gyrraedd y deg hudol i roi gwerth eu pres i'n cefnogwyr – deg cân am £10! Bargen! A llwyddwyd i gyrraedd y nod. Bellach mae fersiwn wedi ei ailfastro o'r gân ar gasgliad Mojo o 30 mlynedd o gân, *Eiliad mewn Einioes*, a gyhoeddwyd yng Ngorffennaf 2018 i ddechrau blwyddyn o ddathlu cyrraedd tri degawd ers i ni ddechrau crwydro Cymru efo'n harmonïau a'n sŵn!

Pan fo holl hanfodion cân wedi eu storio yn yr isymwybod am gymaint â deng mlynedd a mwy, mae'n wyrthiol meddwl bod 'Seren Saron', er enghraiff, wedi bod yn llechu yn niwl y cof am gymaint o amser ac wedi dod nôl pan oedd galw amdani wrth i mi chwilio am gân ar gyfer *Ardal*. A bod y cymalau wedi ail-gysylltu â'i gilydd ar yr union amser iawn – Medi 2006 yn yr achos hwn – a hynny dros ddeng mlynedd ers CD flaenorol Mojo. Y symbyliad fu gweld a theimlo ias y gomed fel roedd y rhyfeddod naturiol hwn yn teithio fel crwban drwy'r cosmos a heibio Rhosmeirch 'run pryd!

Dwn i ddim ym mha ran o'r cosmos y mae'r gomed honno erbyn hyn ond mae'r gân yn fyw. Ac ymhlith y traciau mae pedair cân o'r casét cyntaf a gyhoeddwyd yn 1986. Mae saith o draciau byw ar y CD nas clywyd o'r blaen yn ogystal â nifer o'n CD *Ardal* i Fflach o 2006. Mastrwyd y CD o'r newydd ar yr offer cyfrifiadurol diweddaraf. Mastro, gyda llaw, yw'r broses olaf yn y profiad stiwdio pan fydd yr holl ganeuon a'r albwm yn barod i'w datblygu mewn ffatri. Erbyn hyn mae llawer o ffatrïoedd yn gallu cyflawni'r holl broses – dyblygu CDs ac argraffu'r gwaith celf a phacio'r cyfan efo'i gilydd yn barod ar gyfer y farchnad ynghyd â chyflwyno'r gwaith i'r cyhoedd.

Mae genedigaeth pob cân braidd yn wyrthiol i bob cyfansoddwr. Gofynnwyd i un o gyfansoddwyr mawr America oedd yn arfer mwynhau Frank Sinatra ymysg eraill yn canu ei waith, 'Be sy'n dod gyntaf? Yr alaw ynteu'r geiriau?' Ateb Sammy Khan oedd, 'Yr alwad ffôn!' A dyna i chi ddamcaniaeth Woody Guthrie wedyn, eilun Bob Dylan wrth gwrs (heb sôn am fod yn eilun gwerin America slawer dydd) mai cymharol ychydig o bobl sydd â rhyw fath o dderbynnydd neu erial feddyliol sy'n gallu derbyn caneuon gan fod pob cân yn bodoli yn yr awyrgylch sydd o'n cwmpas. Ond dim ond ychydig o'r criw dethol sy'n gallu eu derbyn ac elwa ohonynt. Dywedai un arall o'm harwyr, Paul Brady o Ddulyn, ond o Strabane wrth ymyl Sion Mills, Gogledd Iwerddon yn wreiddiol, mai allwedd o rywle yn y cof sy'n agor drws i'r gân.

Wrth i Mojo ddechrau ar ein gyrfa roeddem yn canu ar daith hyrwyddo efo gorsaf radio Atlantic 252 yn 1988, a hynny nid nepell o sgwâr Llangefni o bob man. Doedden ni ddim yn ymwybodol mai'r boi-band o Fanceinion oedd ar eu ffordd i

*Seren Saron a CD Ardal, clawr Jac Jones*

rannu llwyfan â ni oedd Gary, Mark, Jason, Howard a Robbie –
Take That! Na, does neb yn credu mai ni wnaeth ddysgu iddyn
nhw ddawnsio a chanu 'run pryd! Ond buom yn rhyfeddu wrth
edrych yn ôl ar eu llwyddiant yn ystod y 30 mlynedd diwethaf.

Un o'r gorchwylion difyrraf i mi eu cyflawni yn nyddiau
cynnar y band oedd teithio i stiwdio sain BBC Llandaf yn
gynnar yn y 90au i dreulio dau ddiwrnod yn cymysgu sain dwy
o ganeuon Mojo ar gyfer cyfres deledu *Y Bocs*. Roedd y siwrnai
i Gaerdydd ei hun yn gynhyrfus, ac wrth deithio ar fore heulog
trwy ardal hyfryd Dinas Mawddwy a Mallwyd dyma sylwi yn
nrych y car fod car arall – Ford Sierra Cosworth, chwimgar y
funud – yn agosáu ar wib y tu ôl i mi. A dyma finna'n dweud
wrthyf fy hun, 'Pwy uffar ma' hwn yn feddwl ydi o? Gwyndaf
Evans?'

Dyma ni'n stopio wrth olau coch, a'r Sierra Cosworth yn
stopio y tu ôl i ni. Pwy oedd o? Wel neb ond Gwyndaf Evans, y
gyrrwr rali byd-enwog. Mae ei fab Elfyn bellach wedi ei ganlyn.
Dyma fi'n rhuthro allan ato gan esbonio i ble'r oedden ni'n
mynd a beth oedd pwrpas ein taith. A dyma gyflwyno iddo ein
casét diweddaraf cyn i'r goleuadau newid ac iddo wibio i ffwrdd
a diflannu o'n golwg.

Yn ystod haf 2004 daeth mwy o rannu llwyfan efo sêr
rhyngwladol i'n rhan fel band. Recordio fy albwm unigol gyntaf
yn stiwdio newydd sbon Bocswn oeddwn i yn Amlwch pan
ffoniodd Mici Plwm yn cynnig gig mewn cyngerdd haf ar Stad
y Faenol, Bangor. Esgorodd hyn ar ein cynulleidfa fwyaf erioed,
pum mil o bobl oedd wedi dod i fwynhau dychweliad neb llai
na'r Beach Boys. Ac mi roedd hi'n noson fythgofiadwy yng
nghwmni cewri California. Cwmni trefnu cyngherddau o
Lundain oedd yn hyrwyddo'r 'Summer Pops', a hynny yn
Lerpwl fel arfer. Ond roeddan nhw am fentro i'r Faenol yn 2004
a chwmni Mici oedd yn bwcio'r talentau lleol, chwarae teg iddo.

Roedd Mici ar y pryd yn gweithio ar wahanol brosiectau
efo'i gwmni ei hun, 'Digwyddiadau Mici', ar ôl blynyddoedd o
hyrwyddo ugeiniau o grwpiau ac unawdwyr, o Ac Eraill i Van

Morrison a'i fand, Them, ym Mhenrhyndeudraeth o bob man yn y 60au. Roedd un o newydd-ddyfodiaid y Beach Boys, Bruce Johnston (a ymaelododd yn 1975) yn adnabod yr ardal gan fod ei fab yn fyfyriwr ym Mhrifysgol Bangor ar y pryd. Gofynnodd Mike Love, prif leisydd a chyfansoddwr holl eiriau caneuon chwedlonol y Beach Boys i Bruce ganu'r gân aeth â Barry Manilow yr holl ffordd i rif un yn America, 'I Write The Songs'. Ac meddai, â'i dafod yn ei foch, 'Diolch i ti am ganu dy gân; diolch yn bennaf am beidio canu'r gân ar ei hyd!' Ond fe gafwyd noson o 'Good Vibrations' a dweud y lleiaf!

Mae harmonïau lleisiol yn hynod bwysig i mi erioed, o ddyddiau emynyddol Capel Moreia, Llangefni pan yn blentyn i seiniau llyfn Hogia'r Wyddfa. Ac yn ddiweddarach, ar ôl darganfod harmonïau Americanaidd oedd wedi eu mewnforio o'r Gwledydd Celtaidd, o *bluegrass* a chanu gwlad Tennessee a thaleithiau eraill America i'r Eagles a'r Beach Boys, mae tri neu ragor o leisiau mewn harmoni â'i gilydd wedi bod yn ddylanwad mawr arna'i erioed.

Enwyd Mojo o gyfuniad o gyfenwau dau o'r aelodau gwreiddiol, Morgan a Jones. Fe wnaethon ni ddatblygu'n sain drwy gymysgu harmoni lleisiol efo caneuon gwreiddiol yn null roc Americanaidd wedi ei blethu efo rhywbeth oedd yn draddodiadol Gymreig a Chymraeg i ni, harmoni tri llais. Roedd yn rhywbeth eitha dieithr yn y byd pop Cymraeg bondigrybwyll ar y pryd, ac efo dwy o'n halbymau ddiwedd yr 80au/dechrau'r 90au yn nodedig – *Rhydd Rhyw Ddydd* (1988) am fod y record hir (LP) olaf gan fand Cymraeg, a'r nesaf ddwy flynedd yn ddiweddarach am fod y CD gyntaf gan fand Cymraeg – roedd hyn yn rhyw fymryn o hanes a grëwyd gan Mojo.

Rhyw fand bach o hogia diymhongar o Fôn oeddan ni ynghanol byd cerddorol oedd yn llawn o bobl digon gor-hyderus oedd yn derbyn gormod o sylw'n aml iawn. Dydy'r stori yna byth yn newid, meddan nhw, ond o leia mae'r caneuon yn fyw ar yr LP a'r CD ac mae safon offer Stiwdio Sain yn dangos bod yr amser a dreuliwyd yno yn 1988 a 1990 wedi bod yn werth chweil. Ac mi ydw inna'n falch o fod wedi treulio oriau yn Stiwdio Sain yn cydweithio â'r peiriannydd Eryl Davies.

Ac o'r stiwdio dyma gael camu i un o lwyfannau eiconig gogledd Cymru ar stad adnabyddus y Faenol ar gyrion Bangor a'r Felinheli, a chyfle arall i rannu llwyfan efo artistiaid enwocaf America, diolch i Mici Plwm. Braint yn wir. Ond nôl at 4 yn y Bar am funud, o roc swnllyd i alawon gwerin soniarus a bywiog o'r Alban a Chymru.

Cyfle arall a gafwyd i rannu llwyfan ag artistiaid tramor oherwydd ein caneuon oedd gwahoddiad dderbyniodd 4 yn y Bar i rannu llwyfan â'r Battlefield Band o'r Alban ar lwyfan y diweddar Theatr Gwynedd (coffa da am y llwyfan a'r lle) a darganfod un flwyddyn fod y band wedi recordio un o'n halawon traddodiadol Cymreig. A hynny oddi ar un o'r LPs a gyhoeddwyd ganddon ni efo Sain, *Byth Adra*, yn 1984. Am fraint arall! Bu i'w rheolwr Robin Morton, gŵr y delynores Alison Kinnaird, ein bwcio i ganu yng Ngŵyl Werin Caeredin ynghanol yr 80au, y band gwerin cyntaf o Gymru i dderbyn y fath wahoddiad.

Yn wir bu'n cyfnod fel band rhwng 1983-92 yn un hynod lwyddiannus. Cyhoeddwyd dwy LP, *Byth Adra* (1984) a *Newid Cynefin* (1986) efo Cwmni Sain; un CD, *Stryd America* (1992) i Fflach, a dau gasét pedwar trac: *Seren Nadolig* i Recordiau 4 yn y Bar (1985) a recordiwyd gan Mered Morris yn Stiwdio'r Felin, y Felinheli, a *Ffiwsio* (1987) a recordiwyd yn Stiwdio Ofn, oedd yn hen orsaf Llangwyllog, Môn ar y pryd gyda Gorwel Owen wrth y ddesg recordio. Hon oedd yr union orsaf lle gadawodd fy nhaid a'i deulu am Ganada. Mae traciau'r ddau gasét bellach ar CD *Stryd America* (2020).

Buom yn canu yn Neuadd Albert yng nghyngerdd Gŵyl Ddewi hefo Côr Meibion Cymry Llundain, lle buom yn ciniawa efo Aled Jones a'i fam Nest a Cliff Morgan y BBC, yn ogystal â defnyddio stafell newid Eric Clapton a Phil Collins er nad oedd yr un o'r ddau yno ar y pryd! Buom yn canu ar raglen *Folk On 2* (Radio 2) yn stiwdio Pebble Mill, Birmingham ac yng Ngŵyl

Werin Ynysoedd Orkney ym Mai 1989 a Gŵyl Werin Caeredin 1986. Bu ymddangosiadau yng ngwyliau gwerin Portardawe a'r Cnapan. Yn y Cnapan y gwnaethon ni wylio *Live Aid* ar y teledu yn 1985.

Cafwyd uchafbwyntiau eraill hefyd yn ystod ein cysylltiad naw mlynedd â thri cherddor arall, Tudur Huws Jones, Iwan Roberts a Huw Roberts. Roedd yr holl waith recordio a wnaethom mor gofiadwy ac mae'r traciau gennym o hyd i'w trysori. Roedd yr holl gyfnod yn flynyddoedd a wibiodd heibio'n rhy sydyn o lawer, o deisan Dundee a the pnawn Megan, diweddar fam annwyl Tud ac Ems yng Ngorffwysfa, Lôn Glanhwfa, Llangefni, i Pebble Mill Birmingham ac Ynysoedd Orkney a'r Albert Hall. A'r rhaglen deledu oedd i fod yn gyfres a gynhyrchwyd gan Alwyn Humphreys, Bodffordd i HTV yng Nghroes Cwrlwys, Caerdydd pan glywsom linell anfarwol un o ferched coluro'r cwmni a ddrysodd efo'n henwau. Clywodd ni'n cyfeirio at Bedwyr, a oedd ar y pryd yn helpu gyda'r cyfeilio yn y stiwdio. 'Bedwyr?' gofynnodd. 'Is that why you're called "Bedwyr yn y Bar"?!' (Asiffeta!). Treuliasom oriau lawer o waith caled yn canolbwyntio ar gerddoriaeth werin a gwreiddiol o Gymru'n unig a chael LOT o hwyl!

Aeth y gitâr draw â mi i Theatr Pafiliwn y Rhyl yn 1994 i gyfeilio i Linda Griffiths ar Ddydd Cenedlaethol Cerddoriaeth ar raglen BBC Radio 2. Fe'i cyflwynwyd gan ferch leol, neb llai na Nerys Hughes, a'r Sgotyn efo'r llais melfedaidd, Ken Bruce. Ac ar y prom wrth y Pier yn Llandudno eto ar BBC Radio 2 gwnaethom ymddangos ar raglen y Gymraes Mavis Nicholson, sy'n byw yn Llanrhaeadr ym Mochnant.

Un arall o'i gwesteion ar y rhaglen oedd yr actor byd-enwog o'r Rhos, Meredydd Edwards. Bu 4 yn y Bar yn rhan o'r rhaglen werin gyntaf ar BBC Radio 2 i ganolbwyntio ar gerddoriaeth Cymru, gan recordio yn stiwdio enwog y BBC yn Pebble Mill, Birmingham. Yn wahanol i'r Tebot Piws, bu'n rhaid i ni fynd i Birmingham am noson o leiaf cyn teithio ymlaen i'r ymddangosiad cofiadwy hwnnw yn Neuadd Albert yn Llundain.

## 5.
## Dim Difaru; Dim Troi'n Ôl

Yr hen olwynion yn dal i droi,
Dyddiau diniweidrwydd cloi
Y wawr ar ddôl
Na ddaw byth yn ôl
Ar yr heol i Benrhyn Gwyn;
Teisenna Berffro, Ty'n Tywyn draw,
Tywysogion ar bob llaw,
Ddoe a heddiw'n cwrdd fel un
Ar y ffordd i Benrhyn Gwyn

Ond does dim difaru; dim troi'n ôl,
Dim ond cofio'r oriau yn dy gôl
Yn ein hafau ni,
Ein heineidiau ni,
Ein hir ddyddiau gwyn
Ein trysorau prin.

Yr hen wynebau'n atgof nawr
Ar lwybrau'r cof,
Pob sill, pob sawr,
Pob ton, pob traeth,
Pob si, pob ffaith
Ar y ffordd i Benrhyn Gwyn

*Tafarn y Tywysog Llywelyn, Berffro lle'r arferai'r cyfansoddwr
Charlie Landsboro, Wrecsam ganu cyn i'w gân 'What colour is the
wind' fynd a fo i uchelfannau'r siartiau.
Llun archif o'r dafarn gafodd ei henw ar ôl y Tywysog.*

Aeth y troellwr recordiau Eifion 'Jonsi' Jones am banad o goffi
efo'r gantores roc-gwerin Heather Jones. A ffrwyth cynnwys eu
sgwrs yn ôl yn 2008 oedd galwad ffôn a dderbyniais oddi wrth
Heather yn gofyn a fyddai diddordeb gen i mewn cynhyrchu ei
record gyntaf ers blynyddoedd lawer. A syniad yr hen Jonsi,
chwarae teg iddo fo, oedd cael CD hapus ganddi – dim cordiau
lleddf na chaneuon pruddglwyfus. A fi, awgrymodd Jonsi,
fyddai'r boi i'w helpu. Diolchaf yn fawr iddo am ei gefnogaeth
a'i eirda.

Derbyniais yr her, a'r flwyddyn ganlynol daeth Heather ata'i
i Stiwdio Rockcliffe yn heulwen braf Llandudno, fy nghartref
recordio ers 2006. A dechreuwyd recordio'r llais unigryw gan
ddefnyddio caneuon newydd sbon gan Heather ei hun ynghyd
â rhai gan Gwenno Dafydd, Dafydd Saer, Simon Gardner,

perchennog y stiwdio, finnau a'r diweddar annwyl Alun Sbardun Huws. Hyn oll, heb sôn am fersiwn digidol o 'Colli Iaith', geiriau Harri Webb, a llais Heather ar ei buraf. Esgorwyd ar recordiad digidol hollol fyw a glân yn dechnegol.

Rhaid cyfeirio at Sbardun yma. Wrth deithio adra i Fôn o Lanelli un tro ac ar fin gyrru drwy Benrhyndeudraeth, mi feddyliais am gyfansoddwr y clasur *Strydoedd Aberstalwm*. A dyma anfon tecst ato o'r car i ddeud wrtho lle'n union roedd Mojo ar y pryd. Ac o fewn chwinciad chwannen roedd o 'di ateb efo llond tecst o hiwmor iach.

Beth bynnag, gosodais gynnwys y CD ar gefndir a oedd yn siwtio'r llais – gitarau acwstig, allweddellau, gitâr sleid ac offerynnau taro ynghyd â bas a drymiau priodol er nad record roc oedd hi i fod o gwbl. Y bwriad oedd cael amrywiaeth eang ac addas ar gyfer caneuon hynod o ddifyr a chrefftus, 'run ohonynt yn amharu'n ormodol ar lais hudol Heather.

Roedd yna ambell i gord lleddf ymysg y rhai llon yn ogystal â hanes teulu Heather yn Aberaeron, er mai Caerdydd sy'n dod i feddwl unrhyw un sy'n gyfarwydd â'i bywyd cerddorol ers y 60au. Ac ar y cyfan roeddwn i'n hapus iawn efo'r canlyniad, ac yn falch hefyd bod Heather yn hapus efo'r llun a'r lliw pinc a ddewisodd ar gyfer llyfryn y CD. Roedd clywed am hanes ei hewyrth a'i gar MG yn mynd â hi o gwmpas un o bentrefi harddaf Sir Aberteifi yn rhoi gwedd newydd ar ddelwedd cantores cyfnod roc a rôl 'Jiawl!', ac yn agoriad llygad a deud y

*Afon Braint a thwyni Berffro*

*Dim 'difaru clawr Byth Adra 1984 gan Jac Jones*

lleiaf. Fel cynhyrchydd albwmau, credaf mai'r peth lleiaf y medr rhywun ei wneud yw gadael i'r artistiaid ddewis eu hoff lun ohonyn nhw'u hunain.

Roeddwn i'n meddwl am 'Dim Difaru' fel rhyw gefnder i'r gân 'Penrhyn Gwyn' ar ôl i Heather aros yn y ffermdy ynghanol Môn tra'n gweithio yn yr ardal yn y 70au. Mi wnes innau ddiweddaru'r stori gan adlewyrchu lle roedd Heather Jones a chymeriad yr ynys erbyn hynny yn nhempo'r CD – 'mid tempo', hynny yw, 'ddim rhy ffast, ddim rhy slo', fel dudodd rhywun rywdro. A dwi'm yn difaru sgwennu'r gân. Mae Richard Rees yn hoff iawn o'r gân a'r CD. A chwarae teg iddo am ei gefnogaeth i Heather a minnau.

*Berffro yr ochr draw i Lys Llywelyn*

Roedd perchennog stiwdio Llandudno wedi gofyn i ffrind o'r dre oedd yn berchennog gwesty bwtîc i roi stafell reit foethus i Heather gael cysgu'n dawel ac ymlacio tra byddai hi'n recordio'r albwm *Dim Difaru*. Roedd gweithio efo Heather yn f'atgoffa o fod yng Nghaerdydd yn 1977 pan oedd ein grŵp coleg byr-hoedlog, Odyn Galch, oedd yn cynnwys un o Dredegyr, Gareth Westacott, un o Gydweli, Gareth Gravelle a thri o Langefni, Huw Roberts, Tudur Huws Jones a minnau. A'r digwyddiad pwysicaf o'n cyfnod wrth recordio *Twndish* yn stiwdio'r BBC yn Llandaf oedd cnoc ar ddrws ein stafell newid a pherchennog y gnoc, neb llai na chanwr enwoca'r cyfnod, wedi dod i ddymuno pob lwc i ni a chyflwyno'i hun. Ie, Max Boyce, chwarae teg iddo!

Mi es ati i gynhyrchu albwm Heather fel ffan, ac ar ddiwedd y cyfan dwi'n parhau'n ffan. Dri thro arall bûm yn gweithio fel ffan o gynhyrchydd a cherddor, sef gyda Tecwyn Ifan (*Sarita* 1997), Dafydd Iwan (*Caneuon Gwerin* 1993) a Linda Griffiths (*Amser*, oedd gyntaf yn 1988).

Tra'r oeddwn yn recordio CD Heather, casgliad o ganeuon newydd sbon, gofynnais iddi a wnâi hi recordio fersiwn newydd sbon o 'Colli Iaith' tra'r oedd y meicroffon digidol yn ei llaw. A chân ddi-gyfeiliant oedd hi beth bynnag. Cytunodd ar unwaith, a finna fel dyn marchnata CDs yn manteisio ar gyfle prin i gynnwys cân enwocaf Heather. Ac wrth gwrs, mae pobl y byd radio'n parhau i chwarae'r hen fersiwn sy'n swnio fel bod rhywun yn gwneud swn craclan wrth fwyta creision sych. Wfft i dechnoleg 2009! Hwyrach bod sŵn hen record yn dathlu cyfnod y recordiad ac yn gweddu'n well i gyfnod hanesyddol y recordiad gwreiddiol. O leiaf mae yna ddewis o'r ddau gyfnod recordio, un i'r puryddion hanesol a'r llall i buryddion sain fel fi.

Mae Heather yn eicon Gymreig ac yn parhau i ganu wrth gwrs, a'i llais hudolus yn dal i'n swyno. A hir y parhaed hynny. Hi yw ein Nia Ben Aur yn ein Tir na Nog ni yn 2020.

## 6.

## Rhwng Dau Ola'

Mae llusern ola'r Dolig
Wedi'i ddiffod am y tro,
Y sêr a'r swyn, pob gola mwyn
Unwaith eto i gyd dan glo;
Mae dyddiau diniweidrwydd
Yn pylu a phrinhau,
A'r ddwy sy'n clirio'r celyn
Yn clymu'n serch ni'n dau.

A heno rhwng dau olau,
Eu melys oriau hwy,
Mae'r nos yn cau ar ein byd i'n dau
A byd breuddwydion dwy.

Cyfarchion ola'r tymor
Wedi'u postio i bob plwy,
A'r aelwyd glyd dan olau'r stryd
Yn do ar fyd y ddwy.
Mae dyddiau diniweidrwydd
Yn pylu a phrinhau
Ar ddwy sy'n clirio'r celyn
Sy'n clymu'n serch ni'n dau

*Un o dlysau hôm mêd Rhiannon a Nia o Dolig 2002.*
*Bu bron â diflannu i fol fy hwfyr – esgorodd ar 'Rhwng Dau Ola'*

Does na'm llawer o ganeuon sy'n deillio o Hŵfyrs. (I gadw'r ddysgl yn wastad ac ufuddhau i ofynion deddfau hysbysebu, cofier fod yna beiriannau sugno llwch eraill ar gael!) Ond symbylwyd 'Rhwng Dau Ola' gan ddigwyddiad wrth i mi lanhau stafell orau ein cartref ar ôl i Nadolig 2002 ddod i ben. Dyma ddarganfod dwy lusern wydr oedd wedi syrthio oddi ar un o'r coed Nadolig yn ystod wythnosau'r ŵyl. Codwyd arnaf hiraeth a theimlad o sentimentaleiddiwch am Ddolig arall oedd wedi dod i ben yn swta ar ôl yr holl wythnosau o edrych ymlaen cyn mwynhau pob dydd o ysbryd yr Ŵyl a rhannu oriau unigryw hudol efo'r plant. Pedair a chwech oed oedd Nia a Rhiannon ar y pryd.

Rhyw chwe mis yn ddiweddarach dehonglodd Linda Griffiths fersiwn wych ac emosiynol o'r gân efo'r dagrau'n llifo.

(A jesd y fi oedd hwnnw!) Mae'n brofiad a hanner i gyfansoddwr pan fydd llais felna'n perfformio'ch cân. *Ôl ei Droed* oedd y drydedd albwm i mi ei chynhyrchu iddi hi a Chwmni Sain. Wythnosau'n ddiweddarach dechreuais weithio ar albwm olaf Plethyn gan recordio nifer o fersiynau newydd sbon o'u caneuon enwocaf trwy ddefnyddio nifer o offerynnau cyn i'r triawd mwyn o Faldwyn gyrraedd y stiwdio i 'gianu'.

Mae'r CD hon, *Goreuon Plethyn*, yn un o'm hoff greadigaethau o'r cyfnod hwn, lle mae'r triawd lleisiol wedi asio â'r cefndir acwstig addas a grëwyd ar eu cyfer gen i yn briodas a weithiodd yn berffaith, a'u lleisiau wedi aeddfedu fwyfwy erbyn hynny.

Medrwn ddefnyddio'r fantais oedd gen i, fel un oedd yn digwydd adnabod a gwybod ar fy nghof fersiynau gwreiddiol Gwyddelig rhai o'r caneuon y dewisodd y triawd eu hailrecordio, caneuon fel 'Hiraeth yn Iwerddon'. Cân arall oedd 'Allende' wedyn, cân o waith yr Americanwr Don Lange am Arlywydd Chile a lofruddiwyd yn 1973. Fe'i recordiwyd gan Christy Moore. Fe wnes i recordio'r CD ar gefndir gitarau acwstig a gitâr fas. Nid ar yr un pryd – dydi hyd yn oed y fi ddim mor glyfar â hynny! Roedd y cefndir Gwyddelig ei naws yn swnio'n debycach i fersiwn y gwreiddiol na'r un yn hen fersiwn Plethyn o'r 80au.

Mae yna lawer o gyfansoddwyr yn mynnu os yw cân yn un dda, yna mi ddylai fod yn addas i gyfeiliant gitâr neu biano'n unig, ac mae yna wirionedd yn y gosodiad. Mi weithiodd yn achos y gân hon. Ond mae cefndir llawnach yn 'gwerthu' cân yn well yn aml. Mae popeth yn dibynnu ar sut gân yw hi yn y lle cyntaf.

Soniais eisoes am ddamcaniaeth un o f'eilunod cerddorol, Paul Brady, bod angen allwedd o rywle i agor clo unrhyw gân. A lwcus oedd imi sylwi ar ddwy gloch fach ar y carped cyn i'r Hŵfyr eu llowcio fel rhan o'i bwydlen Nadolig heb wybod eu bod ill dau'n agoriad i gân nad oedd eto'n bod. Hon oedd yr allwedd ddaru ddatgloi 'Rhwng Dau Ola'. Roedd yna drimins ar ôl oedd yn dal i greu cynnwrf ymhlith y plant. Diolch am oriadau, ddweda i. Maen nhw'n handi iawn wrth sgwennu caneuon, boed hynny wrth Hŵfro neu wrth adael blerwch.

Felly does yna neb, am wn i, yn gwybod yn iawn sut mae cyfansoddi caneuon. Ond dyma i chi ddamcaniaeth arall, sef bod sgwennu caneuon fel coginio crempog. Mi fydd y rhai cyntaf yn giami iawn. Ond ar ôl cwblhau'r rhai cyntaf giami hynny mi fydd yna rai campus a blasus yn dilyn wrth i chi wella a chael y rysáit a'r cynhwysion i gyd-goginio'n gytûn.

A thra fo eraill yn llafar eu barn am sut a phwy, beth bynnag fo pwnc unrhyw gân, o'i sgwennu mae hi'n bodoli ac yn ychwanegu at y cannoedd a'r miloedd sy'n bod eisoes, pob cân yn blentyn i rywun ac yn golygu cymaint i'w rhieni. Bydd rhai yn well na'i gilydd, wrth gwrs. Ond maent yn wyrthiau celfyddydol yn aml iawn ac yn werth yr holl drafferth o'u creu i'w crewyr.

Yn achos creu'r gân hon, dyma droi at fy annwyl gitâr Lowden, a luniwyd â dwylo medrus y Gwyddel George Lowden a'i dîm yn Newtonards. Dyna oedd y man cychwyn wrth sgwennu'r gân wrth i mi gofnodi gweithred ddamweiniol ein dwy ferch a roddodd gân arall i mi wedi Dolig hapus 2001.

Breuddwyd George Lowden oedd sefydlu cwmni i greu rhai o gitarau gorau'r byd. Ac ar ôl cynhyrchu ei gitâr gyntaf â'i ddwy law ei hun, mi yrrodd o Ogledd Iwerddon i Surrey yn Lloegr i chwilio am Eric Clapton. Ar ôl darganfod ei gartref roedd yr hen Eric yn digwydd bod adra a chyflwynodd George ei bren soniarus i 'dduw' byd-enwog y gitâr. Mae'r gweddill, fel byddan nhw'n ddweud, yn hanes.

Treuliodd George rai blynyddoedd yn Siapan fel ymgynghorydd i gwmni gitarau byd-enwog Takamine cyn dychwelyd i agor ffatri newydd a gwir sefydlu cwmni Lowden yng Ngogledd Iwerddon. Yn ddiweddarach sefydlodd gwmni i gynhyrchu gitarau egscliwsif gan ddefnyddio coedydd o rai o fforestydd prinnaf y byd.

Rhoddodd y tair gitâr a brynais yn 1989, 1992 ac 1996 bleser anhygoel a hwb anferth i mi mewn proffesiwn llawrydd fu'n anoddach o lawer yn ystod y blynyddoedd yn agosáu at 2007, hynny ers i freindaliadau am ddefnyddio gwaith cyfansoddwyr caneuon Cymraeg ddechrau gostwng. Ac mae'n her anferthol ar gyfer y dyfodol ynghyd â bygythiad technolegol i'r diwydiant cerdd yn gyffredinol wrth i werthiant CDs ostwng ac wrth i'r to ifanc droi at brynu neu recordio caneuon fesul un yn hytrach nag albymau cyfan. Mae'r grefft yn edwino'n raddol ac yn peri gofid i lawer ohonom.

Ond o gyfeirio at y dewin George Lowden mae atgofion am Iwerddon yn mynnu llifo'n ôl. A'r atgofion hynny'n medru bod yn chwerw-felys weithiau. Yn ystod gwanwyn hwyr 2000 hwyliasom am yr Ynys Werdd unwaith eto, y tro hwn am Swydd Clare ac i stad o dai a godwyd gan griw o gyfreithwyr ar gyfer twristiaid ym mhentre Lahinch ar lannau Môr Iwerydd. A thai crand oedden nhw hefyd, pob modfedd ohonyn nhw'n newydd sbon danlli.

*Coeden fythol canol Môn*

Saith oed oedd Nia ni, a hwyl a hannar oedd cerdded i lawr i'r pentref bob bora i brynu bara soda, cig moch, wyau a selsig ar gyfer paratoi brecwast Gwyddelig-Gymreig cyn teithio hyd a lled gwlad hyfryd Clare gan ddrachtio awyr iach a melys pen pellaf gorllewinol yr ynys.

Ugain mlynedd yn ddiweddarach ac mae Nia yn un o drigolion Caerdydd. Aeth blynyddoedd Prifysgol a'i gwaith efo Cyd-Bwyllgor Addysg Cymru â hithau yno fel cymaint o Gymry ifanc yr oes. Mae colli cwmni'r plant yn ergyd go drom i unrhyw riant, ac yn enwedig i gerddor teimladwy sy'n byw efo problemau iechyd meddwl achlysurol. Ac ni all yr Hŵfyr cryfaf yn y byd lwyr lanhau'r cof o atgofion, boed rheiny'n rhai melys neu chwerw. Fel y dywedodd Dolly Parton, os ydych chi am gael enfys, rhaid i chi weithiau gael ambell gawod o law yn gyntaf.

# 7.

# O'r Pridd i'r Pridd

Hen leuad oer Cwm Pennant
A'r Berwyn dan eira'n drwch,
A'r fflam yn nyffryn Nansi'n
Mud losgi yn y llwch;
Hen lwybrau'r hil fel gwythiennau gwar,
Yn plethu trwy bob talar,
Hen heulwen slei Dydd Calan
A chymylau ddoe ar ffo,
'Ar gyfer heddiw'r bore'
Yn canu yn y co'.
Cofio pob ddoe mor glir
Mae pob un o blant y tir,
Rhannwn weddi daer bob dydd
O'r pridd i'r pridd,
O Feifod a Llanfyllin,
Cwm Lline a Bwlch y Ffridd,
Mae'r gân ym mêr ein Maldwyn,
Yn emyn ddaw o'r pridd.

*Stryd America 1992 a 2020 O'r Pridd i'r Pridd*

Mae map yn medru bod yn beth handi weithiau wrth sgwennu cân. A map o fro arbennig fu'n gymorth i mi ddechrau cyfansoddi teyrnged i Plethyn, a oedd yn ail-recordio rhai o'u caneuon gorau yn Stiwdio Sain, Llandwrog yn ystod gwanwyn 2003.

Canlyniad oedd hwn i syniad a gefais er mwyn llwyfannu teyrnged i gyfraniad y grŵp gwerin a fyddai'n dathlu eu gyrfa o chwarter canrif mewn cyngerdd yn y Pafiliwn Mawr yn Steddfod Meifod yn ddiweddarach y flwyddyn honno. A dyma Gareth Hughes Jones, Gari Williams a minnau'n llunio band cefndir iddynt. Buom yn gweithredu fel band cefndir i wahanol artistiaid yn rheolaidd ers dechrau'r 90au.

Er fy mod i'n gyfarwydd â chrwydro erwau Maldwyn ers blynyddoedd, profodd y map i fod yn help garw wrth gwblhau'r gân. Ac er i'r grŵp feddwl eu bod wedi cwblhau eu canu ar gyfer y CD, dychwelodd y bechgyn ar gais Linda i'r stiwdio i osod eu peraidd leisiau ar y trac. Yn sicr, ni fuasai neb arall yn gallu rhoi'r un teimlad i'r gân, hynny'n profi hefyd bod tri llais a dwy gitâr yn gallu dehongli stori'r triawd hawddgar yn well na dim.

Pan oedd y cywaith caneuon yn agosáu at gael ei gyhoeddi roedd cyfnither Linda a Roy, yr artist Kath Gittins, wedi ei chomisiynu i baratoi paentiad lliw o'r ardal fel clawr blaen i lyfryn y CD. Ac mi roedd o'n ddiweddglo perffaith i'r pecyn. Erbyn hyn mae Linda'n hedfan ar ei phen ei hun fel perfformwraig tra bo'i merched, Lisa Angharad, Gwenno Elan a Mari Gwenllian yn profi llwyddiant mawr fel triawd Sorela. Ac mae'r ddau aelod arall o Plethyn, Jac a Roy, wedi ail-afael yn nhraddodiad gwerin Maldwyn drwy ffurfio Yr Hen Fegin ac wedi cyhoeddi CD newydd, *Hir Oes i'r Hen Fegin*.

Bob tro y bydda i'n clywed 'O'r Pridd i'r Pridd' byddaf yn gweld ffyrdd hydrefol Sir Drefaldwyn. Byddaf yn cofio fy nheithiau cyson i'r fro un ai efo fy ngitâr yn y car wrth deithio i weithio neu efo Annwen i weld ffrindiau ar odre'r Berwyn. Neu, hwyrach, ar fy ffordd i Gaerdydd at Nia ni. Neu fentro trwy'r eira a'r rhew uwchben Cwm Pennant Melangell. A rhyw daith nôl i Fôn dros fynydd y Berwyn.

Dwi'n ddiolchgar i Linda am berswadio'i brawd a'i ffrind i deithio'r holl ffordd nôl i'r stiwdio i gwblhau CD roedd yr hogia'n meddwl eu bod eisoes wedi ei chwblhau. Hon oedd CD olaf y band o Faldwyn, ac o ganlyniad i salwch anffodus y cynhyrchydd Gareth 'Nerw' Hughes Jones, gofynnwyd i mi gwblhau'r cynhyrchiad a oedd yn cynnwys 'Seidir Ddoe', campwaith Linda a Myrddin ap Dafydd.

Ie, trwy gymorth map y daeth y gân 'O'r Pridd i'r Pridd' i

fodolaeth. Ac yn ôl tystiolaeth Linda, gyda chymorth map y cyfansoddodd Myrddin eiriau 'Seidir Ddoe'.

Bu'r blynyddoedd yn glên iawn efo'r casgliad hynod hwn. Dathlu efo peint o 'Seidir Ddoe' fyddai'n briodol beryg, a chofio'r dyddiau da wrth ddilyn llwybrau Plethyn yr holl ffordd o Lanfyllin i La Rochelle.

# 8.

## Roisin a Ceri Ann

### Roisin

*(Roedd merch anhygoel o ddel yn gweithio tu ôl i far un o
dafarndai Lisdoonvarna pan oeddwn yn gweithio yno –
dyma'r hanes ar gân)*

Ma' gen i bum punt yn fy mhoced
Ac ma' 'nghalon yn ôl yn Clare
Efo Sean a sain ei fodhran,
Dawns y polka dan y sêr;
Ro'n i'n ddeugain a dwy, ro'n i ar y plwy
Yn meddwi ar dôn y don,
A thi oedd rhosyn tlysa'r haf
Rhwng Crusheen a Kilfenora

O Roisin, ma' nghalon yn dy law,
Ma'r wisgi'n 'ngwasgu'n dynn,
Ma' can mil croeso i ti'n fan hyn,
Ma' gen i hanner owns o amynedd
A breuddwydion rif y gwlith
A hanner oes o hiraeth
Yng nghesail y bryniau brith.

Ro'n i'n ddeugain a dwy, ro'n i ar y plwy
Yn meddwi ar win dy wên,
A thi oedd rhosyn ola'r haf
Rhwng Dooneen a Lisdoonvarna

*Benllech bît clyb, ail o'r chwith: Bryn Chamberlin*

Roedd dawnsfeydd Neuadd y Dref (y Town Hôl) Llangefni yn y 50au a'r 60au yn ddigwyddiadau hollol chwedlonol. Ond roedd hynny cyn fy amser i. Roeddwn i'n llawer rhy ifanc i gael y rhyddid i fynd 'lawr stryd' yn y cyfnod euraid hwn yn hanes y dref. Ond mae'r hanes hwnnw'n fyw o hyd a phrofais flas o'r hen ddyddiau wrth recordio'r gân 'Nos Sadwrn yn y Dre' pan oedd ei chyfansoddwr, Emyr Huws Jones, yno hefo fi yn Stiwdio Rockliffe, Llandudno.

*Llwybrau'r Cof* oedd enw'r casgliad yr oeddwn i'n ei greu yn 2008 gyda chefnogaeth Cwmni Fflach. A'r canwr oedd yn ychwanegu ei lais melfedaidd at drac y cyn-Debotiwr Piws, Stan Morgan Jones, oedd y rociwr o bentref mwyaf gogleddol Cymru, Cemaes, sef Bryn Chamberlain. Ia, Cemaes cofiwch, NID Bae Cemaes. Mae fanno yn y môr rhwng trwyn Wylfa a Phorth Llechog. Llais Bryn Chamberlain oedd yr union lais oedd wedi denu'r Ems ifanc, lathenni'n unig o'i gartref yn Lôn Glanhwfa, Llangefni.

Do, meddwodd Ems yn gerddorol ar fand Bryn, The Anglesey Strangers, ganol y 60au, band oedd ar fin llwyddo yn siartiau Lloegr efo'u cân 'Suzanne' (nid cân Leonard Cohen,

THE ANGLESEY STRANGERS

*Anglesey Strangers*

gyda llaw). Ond oherwydd hunan-laddiad eu cynhyrchydd ar y pryd mi newidiodd ffawd gwrs hanes y band o'r Bae.

Rai blynyddoedd yn ddiweddarach bum yn cynhyrchu pedair cân fel rhan o gasgliad *Goreuon Bryn Chamberlain*, sy'n cynnwys clasur Richard Jones Ail Symudiad, sef teyrnged Rich i drueiniaid trychineb cae pêl-droed Hillsborough, 'Cae o Flodau'.

Wrth recordio'r bedair cân newydd ar gyfer y casgliad, cyfarfu Bryn â'i gariad o ddyddiau ei ieuenctid, Ceri Ann o ogledd Môn (mae 'na lyfr arall yn fanna!). Roedd sgwennu'r gân iddo'n gyfle i greu merch berffaith oedd yn gyfuniad o ferched Ysgol Syr Thomas Jones Amlwch, Ysgol David Hughes, Porthaethwy ac Ysgol Gyfun Llangefni. Ac o weld rhai ohonynt heddiw, dy'n nhw ddim 'di heneiddio o gwbl. Ble oeddan nhw pan oeddwn i'n 16? Peth da 'di dychymyg, de!

# Ceri Ann

Gweld y Werddon o lethrau'r garn
A heibio'r rhein'y Mynydd Twr sy'n deyrn
Sibrydion Swtan o'r oes a fu
Yng nghôl y fydlyn mae fy enaid i.
Casglu gwymon wrth y Wygyr lan
A golau'r 'Sgeris ' yn yr oria mân
Plwy' Llanbadrig a'r Gadlys fwyn
A gemau'r gwanwyn yn llenwi'r llwyn.
Ceri Ann – ma' lleuad Cemlyn yn dawnsio trwy dy wallt
Dwi'n hwylio heno am y lan i freichia Ceri Ann.

Trwyn y Wylfa a'r gorwel draw
Swyn Porth Llechog yn nafnau'r glaw
Cesyg gwynion 'n nesau at y lan
Wrth i mi gofio Ceri Ann.
Cemaes eto'n fy hudo i
Yr erwau hyn yw f'enaid i
Ac fel y gwyntoedd o'r pedwar ban
Dwi'n hwylio at y lan.

Roedd sgwennu'r gân hefyd yn gyfle gwych i anfarwoli rhai o enwau hyfrytaf 'yr ardal wyllt', fel y'i gelwir (nid yn hanes Ceri Ann!) – enwau fel y Wygyr, Cemlyn, Ynysoedd y Moelrhoniaid, y Gadlys a Llanfair yng Nghornwy i ddewis ond llond llaw ohonynt.

Mae Neuadd Tref Llangefni wedi'i throi yn swyddfeydd erbyn hyn. Ond mi fasa cael mynd yn ôl i glywed yr Anglesey Strangers ac i fod yn dyst i'r cannoedd o ddawnswyr y pentref a'r plwyfi lleol ac ail-brofi arogl hyfryd sglodion a physgod yr enwog Fred a'i fan yn gymysg â phersawr hyfryd y merched ifanc tan gloc y dref yn nefoedd. O, na fasa Tardis Dr Who ond yn focs plisman llawn hud go iawn!

Bu'n rhaid esbonio i gyd-gerddor beth oedd y gwahaniaeth rhwng Cerian a Ceri Ann. Ond stori arall yw honno. 'Don't bore us – get to the chorus', medd un sgwennwr 'hits'. Sgwennwr clasuron canu gwlad o ddinas Nashville neu'r Bril Building Efrog Newydd efallai, lle byddai timau o ddau neu dri o gyfansoddwyr yn gallu sgwennu caneuon bachog trwy'r dydd gan reoli'r siartiau a'r 'hit parade' bondigrybwyll. 'Rydym yn defnyddio'r drefn yma o recordio, jesd am ein bod ni'n medru,' meddai un cerddor Americanaidd fu wrthi ers dros ddeugain mlynedd. Ond mae ffyrdd y cyfansoddwyr a'r holl ddiwydiant wedi eu chwyldroi yn y blynyddoedd diwethaf wrth i bobl greadigol wneud defnydd o'r dechnoleg fodern sy'n gyson ddiweddaru ei hun fel bo'r cyfrwng cyfrifiadurol yn esblygu byth a hefyd.

Gyda dyfodiad y cyfrifiadur a systemau recordio digidol fel Logik a Pro-tools sy'n gwneud recordio'n haws mewn unrhyw fath o adeilad bron, rydym yn defnyddio'r drefn hon oherwydd does dim angen stiwdios drudfawr y dyddiau hyn, dim ond yr offer cywir – cyfrifiadur, meicroffonau safonol, offerynnau crefftus addas. Ac o, ia, mae talent offerynnol a lleisiol artistiaid a chynhyrchwyr yn help, a'r gallu prin hwnnw i gyfansoddi alawon ac ysgrifennu geiriau da a all barhau am flynyddoedd. Dyma gyfuniad o holl elfennau'r broses yma sy'n gwneud cân dda os am ei chyflwyno ar CD neu amryw o gyflwyniadau digidol eraill erbyn hyn. Dyw technoleg ddim wedi goroesi'r broses greadigol-ddynol eto! Hir y parhaed campwaith greadigol unrhyw ganwr-gyfansoddwr medrus ar albwm, boed hynny ar LP, record hir, cryno-ddisg neu gasét hyd yn oed, cyn i'r broses ddigidol fynd â'r gân yn rhy bell o'i chynefin.

Un o'm hoff artistiaid, ac un y cyfarfyddais ag ef yn Birmingham yn 1989 yn dilyn ei gig yng Nghanolfan Arddangos anferth y ddinas, oedd Don Henley o'r Eagles. Un o'i gefnleiswyr benywaidd ar y noson oedd Sheryl Crow. A bu i ni gyfarfod â'i ddrymiwr Ian Wallace o Sir Gaerhirfryn, cyn-ddrymiwr i Bob Dylan, a gyhoeddodd fod Don ar fin cyrraedd.

*Milwyr yn yr Ail Ryfel Byd*

A beth oedd ffan i fod i'w ddweud wrth un o sêr roc mwyaf llwyddiannus y byd? Dyma ddweud, 'We come from the land of Pino Palladino'. Mae'r chwaraewr bas hwnnw o Gaerdydd wedi perfformio gyda bandiau fel The Who. Ddwy flynedd ar ôl perfformio ar *Dawnsionara* yn Llandwrog gydag Endaf Emlyn a Myfyr Isaac roedd Pino ar *Top of the Pops* efo Paul Young ac yn ddiweddarach efo Don ei hun yn Los Angeles. 'Cawsom swper efo fo yn Llundain neithiwr,' medda Don yn glên, gan nodi fod ein henwau'n rhai newydd iddo fo wrth arwyddo'i lofnod i ni, hogia Llangefni.

Chwe blynedd yn ddiweddarach, ailymunodd Don â'r Eagles. Ac maen nhw wedi gwneud ambell i buntan ers hynny. Chwarae teg iddo, un o ddrymwyr gorau a chyfoethoca'r byd!

# 9.

## Naw Stryd Madryn

Mae plwy Penbedw heno'n fflam
A minnau'n dynn yng nghôl fy mam
A JFK yn gelain ar y stryd,
Mae lleisiau ddoe a lluniau'r dydd
Yn gweu patrymau ar dy rudd
A'r dyddiau'n llithro o ngafael i o hyd.

Ar gân yr awel mae pob ddoe mor faith
Yn dawnsio ar y llwybrau llaith
A'r dagrau ar y don yn halltu'r hiraeth,
Daw'r cread crwn a'r lleuad llawn draw i gadw'r oed
Mewn ffotograff sy 'run mor glir ag y bu erioed,
Ac mae curiad calon cenhedlaeth yn Naw Stryd Madryn.

Mae erwau'r mefus yn fôr o liw
Fel oesol gân yn seinio'n driw
Yn ein cadw ninnau'n sefyll yn y rhith
Fel bythol ddyddiau'n gwanwyn ni
Ddaw'n ôl i'n hatal rhag bob lli'
A ddoe yn llithro o'n gafael ni fel gwlith.

Ar gân yr awel mae bob ddoe mor faith
Yn dawnsio ar y llwybrau llaith
A'r dagrau ar y don yn halltu'r hiraeth

*Naw Stryd Madryn, Lle'r Pwll*

Esgor ar fy nghân fwyaf llwyddiannus hyd yma wnaeth penwythnos teuluol ym mhrifddinas Gogledd Cymru, Lerpwl yn 2002. Roedd Annwen fy ngwraig wedi bod yno rai wythnosau cyn hynny ac awgrymodd y byddai'n lle hwyliog i ni fynd fel teulu tra'r oedd Rhiannon a Nia yn fân.

Yr Albert Doc amdani felly ar lannau Mersi, lle byddai cymaint o fasnachu'n digwydd mewn oesoedd a fu, o fwydydd trofannol amrywiol i gaethwasiaeth yr Arglwydd Penrhyn. O'r dociau hyn yr ymfudodd fy nhaid a nain am Ganada stalwm. Ac roedd hyn oll yn chwyrlïo trwy fy mhen wrth i'r genod anelu at wario'u harian yng nghanolfan siopa Lerpwl.

Roeddwn i'n dal i lafoerio wrth feddwl am ail hanner ein cytundeb ar ôl marathon y siopa – fy ymweliad cyntaf ag amgueddfa'r hogia enwocaf a ddaeth o Le'r Pwll, y Beatles. Ac wrth i mi dalu wrth y giatia mochyn, y geiriau cyntaf mewn iaith Sgows i mi eu darllen ar wal o dan luniau du a gwyn afreal o real o'r hogia'n ffarwelio â dociau Lerpwl am Hamburg oedd bod Richard Starkey (Ringo Starr) wedi ei eni yn Naw Stryd Madryn. Doedd dim angen sgwennu teitl ar gyfer cân bosib. Roedd o eisoes yn saff yn fy meddwl. Roedd eisoes yn ddechreuad gwych i oriau bythgofiadwy yn crwydro'r oriel atgofion.

Rai wythnosau'n ddiweddarach roeddwn wrthi'n strymio fy nghyfaill gorau, y gitâr acwstig Lowden 025C pan ddeuthum ar draws rhythm a chordiau diddorol. Yna cyfansoddais ar rythm ffigwr neu alaw oedd yn adleisio o niwl y 60au yn gyflwyniad i gân bosibl. Yn sydyn roeddwn yng nghanol cyflwr *Beatlesque* rhyw lobsgows cerddorol ac wedi cyfansoddi cyflwyniad a chordiau pennill a chytgan. Wedyn o rywle, yn Toxteth mae'n siŵr, daeth y llinell gyntaf, 'Mae plwy Penbedw heno'n fflam a minnau'n dynn yng nghôl fy mam'. Roeddwn i'n syth nôl yn chwech oed yn y Chwedegau a ffenomenon y Beatles wedi gafael ar ddarpar-gerddorion roc Môn fel pob man arall yn y byd.

Cofiaf yn dda o ble daeth tarddiad y llinell gyntaf honno. Pan oeddwn i'n blentyn, byddai Mam yn sôn yn aml amdani'n cerdded trwy bentref Rhosybol yng ngogledd Môn a chlywed sŵn grwnian dirdynnol awyrennau'r Almaenwyr yn hedfan tua Lerpwl i fomio'r ddinas. A dechreuodd penawdau'r cyfnod ddeffro'r cof a'r isymwybod, popeth o lofruddiaeth JFK i'r Beatles, a Mick Jagger a Marianne Faithful yn cerdded ar hyd Ffordd y Coleg, Bangor yn 1967 a minnau yno'n naw oed, yn disgwyl yn eiddgar a llawn cyffro am y 'Fab Four'.

Mae rhai ohonom sydd yn ein trigeiniau (cynnar iawn!) yn dal i gofio 60au'r ganrif ddiwethaf yn eitha *conffiwsd.com* ac mae'n cof a'n diddordeb yn y Beatles a'u caneuon gwych mor fyw ag erioed. Teimlwn mor ffodus ein bod yn medru eu cofio ac yn dal i ffoli arnynt hyd heddiw gan gynnal rhyw fymryn o'n hieuenctid sydd ar ôl (yn ein cof, o leiaf).

Bu Rhiannon ein merch hynaf yn astudio pensaernïaeth yn Lerpwl a byddwn yn teithio nôl a blaen yno yn ystod ei phedair blynedd o astudiaeth. Dois yn yrrwr tacsi anrhydeddus answyddogol, a dwi'n adnabod y lle'n reit dda erbyn hyn. Ac un o'm hoff strydoedd a'm hoff rif yw Stryd Madryn a naw.

Ar ôl llawer o drafod ac anghytuno penderfynodd awdurdodau'r ddinas fuddsoddi mewn adfer llawer o'r 'strydoedd Cymreig', yn cynnwys Stryd Madryn a man geni Ringo. Bu'n byw yno tan oedd o'n bump oed – 'curiad calon cenhedlaeth yn 9 Stryd Madryn', ys dywed y bardd! Yn ddiweddarach yn ei fywyd bu'n gweithio ar y 'llongau Cymreig' a hwyliai o New Brighton gan angori yn y Rhyl, Bae Colwyn a Phorthaethwy.

Bellach mae pobl yn byw nôl yn y cartrefi a godwyd gan Gymry'r 19eg ganrif. Wrth gwrs, bu'n rhaid dymchwel rhai, yn cynnwys rhai o dai ardal y Dingle yn Toxteth, er mwyn diogelwch. Ond mae'r strydoedd Cymreig, Elwy, Dyfi, Rhiwlas, Gwydir, a Madryn wrth gwrs, yno hyd heddiw. Mae'r hanes hwn yn un rhyfeddol ac yn haeddu llyfr, os oes unrhyw hanes yn ymwneud â Chymru'n haeddu llyfr. Ddiwedd 2019 cyhoeddwyd hanes cyfraniad y Cymry wrth sefydlu 'Lle'r Pwll' gan y Parchg D. Ben Rees. Ond pwy a ŵyr na fydd hanes Stryd Madryn a phob stryd Gymreig arall trwy'r ddinas mewn llyfr unigryw rhyw ddydd?

Cofiaf yn glir dderbyn gwahoddiad gan y cynhyrchydd radio a theledu Eurof Williams o Gwm Tawe i deithio mewn car efo fo wrth recordio rhaglen i BBC Radio Wales i gofio ymweliad 1967. Dilynwyd taith y Beatles o orsaf drenau dinas Bangor i Fangor Uchaf ac i lawr Ffordd y Coleg i un o feysydd parcio'r sefydliad addysgol, sydd gefn wrth gefn â maes parcio BBC Bryn Meirion erbyn hyn. A dyma geisio cofio cynnwrf 1967. Doedd hynny ddim yn anodd.

Dyma gofio sefyll ddim ond hyd braich oddi wrth Mick Jagger a'i gariad ar y pryd, y gantores Marianne Faithfull. Ac yna rhyfeddu at y 'Fab Four' – John, Paul, George a Ringo – oedd wedi penderfynu ymweld â Choleg Normal Bangor am fod y Maharishi Mahesh Yogi'n darlithio am 'Transcendental Meditation' yno. Dyma oedd un o ddiddordebau mawr y pedwar, yn enwedig George, ar ôl ymweliadau rheolaidd y Beatles ag India ganol y 60au.

Roedd eu hymweliad yn cydamseru â'r union adeg pryd y cyhoeddwyd bod eu rheolwr carismataidd, Brian Epstein, wedi marw yn Llundain. Bu ei ddylanwad arnynt yn gryf, o newid eu delwedd o rocars lledr du a jîns i gynnig adloniant mewn siwtiau twt a gwallt ffasiynol. A gellid dadlau fod ei golli wedi esgor ar ddechrau'r diwedd i'r eiconau byd-enwog a ddechreuodd ar eu cyfnod cynhyrchiol olaf un yn y ddwy flynedd oedd i ddilyn hyd at eu perfformiad olaf un ar do adeilad eu cwmni Apple yn Saville Row, Llundain.

Ond mae eu dylanwad a'u pwysigrwydd yn parhau. Er fod John a George wedi'n gadael, mae Paul a Ringo'n dal i berfformio efo'i gilydd weithiau gyda Paul yn parhau i gadw fflam y Ffabs ynghyd o hyd ac yntau'n parhau i fedru denu cannoedd o filoedd i'w gyngherddau. Gymaint yw'r awydd ymhlith y miloedd i barhau i fyw mewn ieuenctid parhaol. A pham lai? Medrwn ddal i ganu'r caneuon yn y cyweirnodau gwreiddiol o hyd.

I gerddorion oedd yn blant y 60au sydd erbyn hyn YN eu 60au, roedd bod yno yn wirioneddol wych. Fel y dywedodd Wordsworth am y Chwyldro Ffrengig, 'Bliss in that dawn was to be alive. But to be young was very heaven!' (Neu 'Ie, Ie,' fel byddan nhw'n ei ddeud yn Sir Fôn). O gyngerdd i'w ddilynwyr yng nghlwb y Cavern yn Lerpwl i'r Tŷ Gwyn yn Washington pan ganodd 'Michele' i Mrs Obama o flaen ei gŵr, mae poblogrwydd Paul a'i bŵer i gynnal fflam eiconig y Beatles yn dragwyddol bron.

A Ringo? Mae'r actor John Pierce Jones yn cofio cyfarfod ag

ef mewn parti yn Los Angeles. 'I'm the president of the Lucky Club,' oedd geiriau drymiwr enwoca'r byd wrth ddisgrifio'i fywyd. Ond hyd yn oed ar ôl i John Lennon ddweud yn chwareus nad Ringo oedd y drymiwr gorau yn y Beatles hyd yn oed, heb sôn am y byd, mae o'n un o'r goreuon ac mae'n parhau i bregethu neges heddwch a chariad hyd heddiw. A drymio wedi'r cyfan yw ei grefft. 'I'm a drummer norra plumber,' meddai efo'i hiwmor enwog.

## 10.

# Pan Flagura'r Rhosyn

Wrth gyd-gerdded drwy y llwyni
A'r gwanwyn ar y waun,
Y milwr a'i ddyweddi rodia'n glyd;
Eu calonnau oedd yn drymion
Wrth ddisgwyl prudd newyddion
A phlannwyd rhosyn coch ar esgair fud.

Paid ag atal cariad calon
Canys gwyddost beth yw'r gwir,
Ofer fydd dy eiriau'n sain y gledd,
A gwelaf trwy dy ddagrau
Heibio cysgod angau,
Byddaf gyda thi ymysg y rhosys coch.

Pan flodeua'r rhosyn eto wrth yr afon,
A'r robin goch a'i gân yn llenwi'r llwyn
Yn nyddiau'r hafau hir;
Pan flagura'r rhosyn coch mi fyddai'n ôl.

Trwy synau blin y gynnau,
Clywyd llais yn sibrwd cân,
Elis oedd yn gwingo yn ei waed.
'Dwi'n gadael, Capten, gadael,
A gwn mai rhaid fydd mynd.
Un addewid wnaed, dim ond un cyn mynd,
Mae 'na afon wrth yr ydlan
Lle tyfai'r blodau gwyllt,
Ac yno'n disgwyl mae hi'n cadw'r oed
Gweddïaf y caf fynd ati,
A thriw y byddaf iddi
A'n cariad fydd y blagur dan ei thraed

Pan flagura'r rhosyn ...

*Ymgyrch recriwtio yn y Rhyfel Byd Cyntaf*

Collodd cymaint o deuluoedd anwyliaid o ganlyniad i erchyllterau'r Rhyfel Byd Cyntaf. Nid arbedwyd un teulu yng Nghymru rhag colli rhywun neu rywrai, yn cynnwys ein teulu ni. Gwasanaethodd tad fy mam ym Mesopotamia yng Ngorllewin Asia, lle mae Irac, Kuwait a rhannau o Syria a Thwrci heddiw. A gwasanaethodd tad fy nhad yn Ffrainc. Yn wyrthiol, yn wahanol i filoedd o'u cyd-filwyr daeth y ddau adre'n fyw ac yn iach. Daeth Richard Roberts yn ôl i Rosybol, Amlwch a John Morgan i Gapel Coch.

Yn America hefyd wrth gwrs bu brwydrau lu, a channoedd o ganeuon yn cofnodi cysylltiad cymaint o deuluoedd efo'r rhyfeloedd rheiny yn dal i gael eu canu. Ac fe'u cenir yn arddull y canu gwellt glas (fel y byddwn ni'n ei ddweud ar lafar ym Môn) y *bluegrass*, canu syml efo harmonïau lleisol yn amlwg iawn. Dyma fu cyfraniad y Cymry i ganu gwlad y byd, o bosib, a chyfeiliant gitâr acwstig, banjo a mandolin yn aml iawn. A'r arddull hon, y gwnaethon ni arbrofi gymaint arni fel 4 yn y Bar stalwm, wnes i ddewis ar gyfer talu teyrnged i'm dau daid.

Seiliwyd y gân hon ar stori cariadon yn tyngu llw i'w gilydd i barhau'n driw hyd at ddiwedd y rhyfel oedd yn bygwth eu bywydau ar ddechrau eu carwriaeth. Mae'r ddau gariad yn ymdynghedu i gyfarfod pan wnâi'r rhosyn coch flaguro'n llachar ar lwyni ar lan afon eu cynefin.

Dychymyg y sgwennwr oedd yn ceisio cyfleu carwriaeth o'r Rhyfel Byd Cyntaf yw'r gân, wrth gwrs, ond dychymyg wedi ei seilio ar hanes teuluol hefyd. A does yna ddim ond hyn a hyn y gall dychymyg ei gyfleu o feddwl am yr hunllef o fod yno ar y pryd yn nyddiau'r Rhyfel Mawr.

Fedrwn ni ddim dirnad beth wnâi ein teuluoedd ei deimlo rhwng 1914 a 1918, a ninnau'n byw bywydau moethus a bodlon yn 2020. Credir i naw miliwn o filwyr o wahanol wledydd farw yn y gyflafan. Roedd 40,000 ohonynt yn Gymry.

Cofiwn hyd heddiw am aberth 'yr hogia' trwy wisgo'r Pabi Coch i nodi'r cadoediad bob mis Tachwedd, ac am gariadon bechgyn ein teuluoedd yn 'Pan Flagura'r Rhosyn'.

Wrth i'r dewrion a oroesodd Ryfel 1914-18 brinhau o flwyddyn i flwyddyn, mae'n rheidrwydd arnom i barhau i gofio gymaint fu cyfraniad – a cholledion – y Cymry i erchyllterau'r cyfnod du hwn yn ein hanes, stori a gaiff ei chrisialu yn hanes Hedd Wyn.

Gofynnais y cwestiwn eisoes yn y gyfrol hon ai canu harmoni tri llais oedd prif gyfraniad y Cymry i ganu gwlad Americanaidd gan, o bosib, mai'r Gwyddelod a'r Albanwyr fu'r prif arloeswyr offerynnol yn hynny o beth. Wedi'r cyfan, roedd yna fwy ohonynt wedi ymfudo i'r Amerig yn y canrifoedd a fu na'n pobl ni.

Ond o edrych ar fap o Tennessee, er enghraifft, ac ardaloedd fel Evansville a Jonestown a chymaint o leoedd eraill sy'n cynnwys enwau Cymreig, daw'n amlwg fod cyfraniad y Cymry wedi bod yn un sylweddol. Cyfeiriais eisoes at y cannoedd o Gymry a adawodd Lanbrynmair am yr 'US of A' i chwilio am eu ffortiwn filoedd o filltiroedd tu draw i Fôr Iwerydd. Ac mae'n

*Llun ar boster o'r Rhyfel Byd Cyntaf*

amlwg fod y Celtiaid yn gyffredinol, gan gynnwys cannoedd os nad miloedd ohonom ni, wedi dylanwadu'n drwm ar ganu gwlad, a'u gwaed wedi cymysgu â gwaed cerddorol America. Daw un o sêr benywaidd amlycaf America, Sara Evans, o stoc Gymreig. A dyna i chi Nanci Griffith a Lucinda Williams wedyn. A Tammy Wynette. Ei henw bedydd oedd Wynette Pugh, yr enw 'Wynette' yn llygriad o 'Gwyneth'. A Chymro oedd Conway Twitty, neu Harold Jenkins, i roi iddo'i enw bedydd. Yn wir, cred rhai fod yna rai diferion o waed Cymreig yn Hank Williams.

Dyna pam mae'r gân 'Pan Flagura'r Rhosyn' yn swnio mor naturiol yn y Gymraeg. Mae hi'n gân syml acwstig yn trafod rhywbeth oedd mor gyffredin i Ewrop ac America yn y canrifoedd a fu – cariadon yn wynebu bywyd ar wahân oherwydd rhyfeloedd, a'r tristwch affwysol wrth i'r blynyddoedd o hiraeth a phoen meddwl effeithio arnynt. Ond fel mae'r gân hon yn sôn, bu rhai dynion ifanc fel fy nau daid yn lwcus tu hwnt, a chael dychwelyd adre i Fôn o faes y gad.

## II.

# Giatia Gresland

Wel ma'r trên yn gadal Memphis, a'r gwynt yn ei ddwrn,
Mae'n pasio giatia Gresland, a finna ar ei fwrdd,
Dwi'n cael diwrnod i'r Brenin, a thi wrth fy ymyl,
Yn chwilio am yr heulwen a ledio'r canu efo'r engyl.

Flwyddyn union cyn fy ngeni i,
Pawb yn gwrando'n astud ar dy eiria di,
A rhythmau du y delta'n chwyrlïo drwy'r weiarles,
A mydr Madryn fwyn yn dawnsio yn y tês.

Dianc wnest o'n byd a'n bywyd ni,
Rwyt heno'n unig, chlywodd neb dy gri.
A dianc wnathom ninnau rhwng walia'r Plaza
Pan roddaist i ni'th gân a'n bythol ha'.

Erbyn hyn dyw'r geiriau'n ddim ond llwch,
A'r arian byw o Aaron yn dawelwch.
Ond weithiau'n fy nosweithiau, a nghalon ar dorri,
Mae tynfa Tennessee yn fy nenu i.

*Elvis*

Nid awen oedd gwreiddiau'r rocar yma o gân ond galwad ffôn o gomisiwn gan Hefin Elis, Cwmni Teledu Tonfedd Eryri yn 1998. Roedd o angen cân am Elvis ar gyfer cyfres deledu. O dderbyn y cais, dyma ddewis y teitl, 'Diwrnod i'r Brenin'. Cofiais am gân Geraint Jarman a llyfr o'r un teitl, a dyma Plan B yr isymwybod yn cynnig 'Giatia Gresland' fel ail ddewis, ac mi es ati trwy ddefnyddio rhywbeth tebyg i'r arddull roc a rôl a ddyfeisiwyd, meddan nhw, gan rai o gitaryddion gorau de Cymru fel Dave Edmunds a Mickey Gee – y racarac.

Mi fydda i'n meddwl yn reit aml bod arnom ni blant a cherddorion Cymraeg a anwyd yn y 50au a'r 60au ddyled go sylweddol i Elvis Aaron Presley, prif sefydlydd roc a rôl yn 1956, am ein rhoi ar ben ffordd yn y busnas canu a chaneuon 'ma. Heblaw amdano fo, fyddai yna ddim dyddiau roc a rôl i edrych yn ôl yn hiraethus arnyn nhw. Dim Bîtyls na Myrsi Bît. Ac ni fyddai cymaint o ganeuon Cymraeg gwych o'r 60au a'r 70au i ni edrych neu wrando'n ôl arnyn nhw.

Beth bynnag, mi dechreuis i racaracio, ac o fewn munudau dechreuodd y geiriau lifo. Ac unwaith eto o'r isymwybod a dyddiau ieuenctid mae'n siwr y daeth y cwpledi. Ond sut ddaeth lluniau a seiniau Memphis i ysgogi hogia Sir Fôn i gael eu swyno gan rythmau Tennessee? A dwi'n sgwennu'r llith hwn wrth i raglan *Cynefin* S4C sôn am nifer fawr o Gymry Llanbrynmair, Sir Drefaldwyn, wnaeth adael am yr un dalaith Americanaidd ddau gan mlynedd yn ôl!

Wrth recordio'r gân yng nghyweirnod B, trefnais i ychwanegu llinell ar y piano oedd yn ddyfyniad o 'Are You Lonesome Tonight?'. A dyma osod sŵn trên yn teithio o Tennessee gan nesáu at Wlad y Medra ar ddiwedd y gân. Er cof am Elvis Aaron Presley.

Holwyd Priscilla ei weddw gan Jonathan Hill ar ITV Cymru'n ddiweddar, a soniodd hwnnw wrthi am y chwedl mai o ardal y Preseli y daw cyfenw Elvis. Doedd hi ddim yn ymwybodol o hynny er mai Gladys oedd enw ei fam, enw o'r traddodiad Cymreig meddai Jon. Ond os oedden ni am hawlio Elvis a'i gysylltiad ag ardal y Preseli, dylem wneud hynny ar bob cyfri, meddai Priscilla! Mae eglwys Sant Elvis o Iwerddon yn yr ardal – go iawn!

Ac wrth sôn am roc a rôl, y grŵp mwyaf swnllyd a glywais erioed, a hynny ddwy waith (wnes i ddm cweit eu clywed yn iawn y tro cyntaf!) oedd y brodyr o Awstralia ddaeth yn frenhinoedd hefi metal – AC/DC, a hynny ar lannau Dyfrdwy o bob man.

Dros 30 mlynedd yn ôl doedd dim angen i ogleddwyr oedd yn dilyn enwau mawr go iawn y byd roc rhyngwladol ymweld â Lerpwl neu Fanceinion i fwynhau synau eu heilunod gan fod canolfan chwaraeon rhew Glannau Dyfrdwy yn llwyfannu cyngherddau anferth. Ac yno y gwelis i'r brodyr Young a'u ffrindiau yn colbio'u drymiau a'u holl offerynnau gan droi'u nobiau ar eu amps yn uwch nag unarddeg bob tro. A phan fyddai eu canwr, Brian Johnson o Newcastle, yn colbio cloch fetal anferthol ar y llwyfan yn ystod eu cân 'Hell's Bells', byddai'r ddaear yn symud o dan y Ddyfrdwy ac i weddill y byd.

Ar achlysur arall yn yr un neuadd anferth wrth adael cyngerdd gwych arall a agorwyd gan Chas 'n' Dave o bawb (oedd yn berfformwyr ardderchog gyda llaw), bu'r perfformwyr yn bwnc trafod gan bawb wrth ymadael. Ond wrth wylio nhraed ar y grisiau digwyddais sylwi drwy gornel fy llygaid ar ddau gopa gwalltog yn sgwrsio mewn stafell newid. Ac ar ôl perswadio'n criw cerddorol i fynd i fusnesu, ac ar ôl ffendio'n ffordd at fynedfa i'r stafell newid a rhoi cnoc ddigywilydd ar y ffenest fe'i hagorwyd gan ddau o brif gitaryddion a chantorion gorau'r byd, Eric Clapton ac Albert Lee. Ar ôl diolch iddynt am eu sioe wych a'u brolio i'r cymylau, dyma'i chychwyn hi am adra ar ddiwedd noson orffennodd yn dra gwahanol i weddill ffans y ddau oedd yn fwy na medrus ar eu gitarau.

Gwelsom fel criw sêr di-ri ar un cyfnod. Yn eu plith roedd Don Henley, Jackson Browne, Mary Black, Paul Brady, Christy Moore, Toto a mwy. A'r ffordd i gyrraedd cefn llwyfan oedd brolio'r sain efo'r peiriannydd ac mi fyddai yn amlach na dim yn basport at y seren. Ond laru ar y crafu wnaethon ni a brysio am garej a photel ddi-alcohol i ddathlu ar y ffordd adref, a challio chydig wrth aeddfedu.

# 12

# Nia

Nia yn gwenu fel haul ar eira,
Direidi yw'th gân
Mae pob un dydd fel awel haf,
Y chwerthin yn iach yn y gaeaf;
Direidi yw'th fyd
Mae pob un dydd fel hirddydd haf,
Nia yn canu dy gân yn y gwanwyn
A'n dal ni yn dynn.

*Nia, daeth ail ferch i'n plwy'*

Roedd 'Enfys yn Ennis' yn deyrnged i'n merch hynaf, Rhiannon, ar ôl treulio gwyliau efo hi ac Annwen yn Swydd Clare yn 1992. Lai na blwyddyn yn ddiweddarach ganwyd chwaer iddi, Nia. Ac wrth gwrs, rhaid oedd sgwennu cân iddi hithau.

Mi roedd chwerthiniad hwyliog a chymeriad hoffus Nia yn gwneud y gwaith yn hawdd. A dyma fynd ati i sgwennu. Wnes i ddim mo'i recordio tan 2004, a hynny yn Stiwdio Bocsŵn ar Stad Ddiwydiannol Amlwch yng nghysgod Mynydd Parys i'r gogledd ac aelwyd ei mam i'r gorllewin.

Roedd Nia yn dangos cymeriad o'r dechrau. Yn ystod ei

blynyddoedd cynnar, pan fyddem yn teithio i rywle, byddai'n ein cadw ni yn ein dyblau yn chwerthin wrth iddi eistedd yng nghefn y car gan ddynwared cantorion pop ei phlentyndod fel Dido ac eraill. Cofiaf yn arbennig ei hiwmor diniwed ar yr achlysur hwnnw pan oedden ni'n ceisio dewis enw addas i'n tŷ diweddaraf.

Gyrru nôl adref o Westy'r Califfornia ym Mryn Teg ym mis Rhagfyr 1997 oeddan ni ar ôl mwynhau seigiau o wyau Sir Fôn a thafellau o gig eidion lleol. Roeddan ni ar fin symud tŷ, a dyna ble'r oeddan ni'n trafod rhyngom ein gilydd enw addas i'n cartref newydd, gan nodi ei fod ar ben bryn.

'Bryn rhywbeth fasa'r enw delfrydol,' medda un ohonon ni. 'Terfel!' medda Nia fel siot hefo'i hiwmor chwech oed. 'Teg!' medda hi wedyn ar ôl i'w rhieni a'i chwaer roi'r gorau i drafod a threulio munudau hir o chwerthin. Ie, llond boliau o chwerthin, a'r boliau hynny eisoes yn orlawn o'r seigiau uchod. A Bryn Teg a ddewiswyd, hynny'n ganlyniad i hiwmor diniwed Nia ac fel teyrnged i'r pentref a'n bwydodd ni mor hael ar y noson gofiadwy honno. Sori, Bryn Terfel! Y tro nesaf, hwyrach!

Fel ei chwaer, derbyniodd Nia wersi ffidil ym Mhorthaethwy gan athrawes oedd yn byw yng nghyn-gartref yr awdur Harri Pritchard Jones, tad Guto Harri. Ond pylu wnaeth y diddordeb yn eu ffidlau gwaetha'r modd, er bod y ddwy yn meddu ar leisiau melys iawn. Rhyw ddydd, efallai... Pwy a ŵyr?

Wrth i mi sgwennu 'Nia' a recordio'r gân yn ddiweddarach mewn sesiwn foreol yn Stiwdio Bocsŵn ar fore teg o wanwyn, gadewais i hwyl ac ysbryd y sesiwn fynd â fi i fyd bach syml Nia. Ar y pryd roedd hi'n derbyn ei haddysg yn Ysgol Corn Hir, Llangefni tra'r oeddwn i'n dewis cordia yn gyfeiliant i'w chân yng ngwynt y môr yn Amlwch, oriau ar ôl i fy ail gefnder, Gwyn Hughes Jones, ddweud ei fod yn clywed sŵn tractor yn ei gyrn clust wrth ganu yn yr un stiwdio tra'r oedd o adra ym Môn yn recordio.

Roedd fy nghornel i'n ddistaw iawn er bod y stiwdio wedi ei lleoli ar stad ddiwydiannol brysur. Ond gorffennais y recordio ac ymddangosodd y gân ar fy CD unigol gyntaf *Naw Stryd Madryn* (2004) ac wedyn ar *Medra* (2014).

A dyna ni, er bod y ddwy ferch bellach wedi hen adael y nyth, mae Rhiannon yn dal o dan Enfys Ennis a Nia, er yng Nghaerdydd, yn parhau i'n 'dal ni yn dynn'.

# 13.
## Porth Madryn

Yn 1865
Glaniodd y Mimosa'n y bae,
Roedd y siwrne'n un faith
O'r pentre i'r paith
A chleisiwyd eneidiau mor frau
O lwyd gymoedd y de
I Gamwy a'i heulwen a'i hud.
Trodd y gobaith yn rhith,
Edwinodd fel gwlith,
Mor anial a llwm oedd y lle,

O Borth Madryn – hudaist y tlodion i'th we
O Borth Madryn – O Gymru hyd foroedd y De
O Borth Madryn – mor anial a llwm oedd y lle
Gwae ni Borth Madryn rhag troedio dy dywod byth mwy

O lonyddwch gwlad Llŷn
I unigedd yr Andes a'r criw,
Roedd eu gobaith yn fflam
Wrth hwylio bob cam
A her yn eu c'lonnau bob un

O Borth Madryn...

*Tir amaethyddol gyda mynyddoedd yr Andes yn y cefndir*

... Ac o Borth Amlwch i Borth Madryn. Ddeng mlynedd cyn ymweld â Stiwdio Bocswn, Amlwch, a ddaeth yn gartre sonig i mi, treuliais ychydig wythnosau yn Stiwdio Sain yn Llandwrog efo Linda Griffiths. Roedd lleoedd gwaeth i dreulio 'nyddiau, dwi'n siŵr! Recordio ei hail CD, *Plant y Môr*, oeddwn i, ac yn ystod y recordio chwaraeais fy nghân anorffenedig ddiweddaraf ar y pryd, 'Porth Madryn'.

Gan i Linda ei hoffi, gorffennais ei sgwennu ar ôl dychwelyd adre ryw noson ar ôl cwblhau gwaith y dydd yn y stiwdio. Ac fe'i recordiwyd cyn diwedd y sesiwn gyda Linda. Mae Linda, fel finnau, yn hoff o'r acronym 'KISS' (Keep It Simple, Stupid), sef yr hen ffordd syml o recordio.

Cyhoeddwyd y CD yn Steddfod yr Urdd Dolgellau. Un atgof clir o'r steddfod honno yw Elin o Gwmni Sain yn rhuthro i roi copi o CD newydd Linda i mi fel yr oedd bws mini Mojo yn gadael y Maes, a'r ffotograffydd, y diweddar Keith Morris, yn tynnu'n lluniau yn eiddgar ar y cae'n gynharach. Coffa da amdano.

I ni'r Cymry mae hanes y cannoedd a ymfudodd i Batagonia ar y Mimosa o Lerpwl yn 1865 i sefydlu Cymru newydd yn antur enbyd ac yn destun awen amlwg i unrhyw gyfansoddwr. A thra'n gweithio efo Linda Griffiths ar *Plant y Môr*, penderfynodd ei recordio fel y gwnaeth Dafydd Iwan rai blynyddoedd yn ddiweddarach wrth gynnwys y gân yn un o'i gyfresi teledu a CD oedd yn trafod y Wladfa, sef *Man Gwyn*, ar thema'r Wladfa a'i chysylltiadau â'r henwlad hyd heddiw.

O leiaf mae'r Gymraeg yn fyw o hyd ym Mhatagonia ac mae ymwelwyr cyson o Gymru yn parhau i weithio i atgyfnerthu ein hiaith yno hyd heddiw. Felly gellid dadlau bod gwerth i'r aberth fawr a wnaed yn 1865.

Recordiwyd y gân am y trydydd tro ddiwedd 2019 gan y cyfansoddwr ei hun am y tro cyntaf erioed yn dilyn CD Linda Griffiths yn 1994 a Dafydd Iwan yn 2020. Fel yr iaith Gymraeg ym Mhatagonia, aeth y gân yn ei blaen.

Fel roedd y peiriannydd Rhys Jones a minnau'n rhoi trefn ar ganeuon CD'r gyfrol hon dyma'r gantores Gwen Elin, Benllech, yn clywed y gân wrth iddi ddigwydd pasio'r uchelseinydd. Penderfynodd yn y fan a'r lle ei bod am recordio'r gân wrth iddi baratoi ei CD cyntaf, *Stangau*, prosiect arall yr oeddem yn ei baratoi yn Stiwdio Ty'n Rhos, Bryngwran yng nghyfnod truenus y clo mawr. Ddudis i'm gair o 'mhen. Y gân wnaeth y siarad ac a roddodd fywyd newydd arall iddi ar ôl ei geni nôl yn 1984.

Mae'n werth nodi mai 'Stangau' yw enw cartref taid a nain Gwen Elin yn Benllech. Dyna hefyd enw fferm deuluol ei nain ym Mhenybont. Cofiaf yn dda pan oeddwn i'n ohebydd efo *Herald Môn*, un o'r lleoedd oedd ar y rhestr wythnosol wrth gasglu newyddion lleol oedd Stangau, Benllech. A chofiaf enw'r tŷ hyd heddiw. Yn wir, fi wnaeth gynnig y teitl i Gwen! Brên wêf arall!

Fel y dywedodd sawl cyfansoddwr, mae eich caneuon fel eich plant, pob un â'i chymeriad ei hun ac yn mynd i rywle. I ble, pwy a ŵyr!

Pan ddaeth hi'n amser i ddewis offerynnau ar gyfer cefndir y gân roedd dewis gitâr glasurol-Sbaenaidd yn anorfod ond yn hynod addas wrth gyfleu sŵn De Americanaidd i'r dim. Er bod 'America Ladin' yn gywirach, siŵr o fod. Ond o ran sain roedd yn gweddu i'r dim. Roedd yn rhaid cael benthyg gitâr addas gan Gareth Hughes Jones ar gyfer CD Linda yn Sain, ond roedd gitâr debyg ar gael yn Nhy'n Rhos. Felly llwyddwyd i greu'r naws yn y ddwy stiwdio gan ddod â'r paith i'r peiriant recordio, hwnnw'n beiriant tâp aml drac ('94) tra'r llall yn gyfrifiadur digidol, i gwblhau gosod rhan bwysig o hanes Cymru o 1865!

## 14.

## Llwybrau Ddoe

Mae 'nghalon yng Nghonemara
A f'enaid ym Madryn draw,
A gwn yn iawn tra 'mawndir Erin
Mai ym Mhenrhyn Llŷn y mae fy lle;
Mae eira'r Pasg yn dal i ddadmer
A'r Marchlyn Mawr yn deyrn o hyd,
A gwn yn iawn tra pery'r cwlwm
Fel Eryri byddwn innau'n un.

Mae llwybrau ddoe yn dal i'n hudo
A lleisiau ddoe yn galw'n glir
Fel gwythiennau ar y gweunydd
A chroyw ddŵr y nentydd
Y down yn ôl i iro'n tir – llwybrau ddoe.

Mae'r wennol o dan y bondo
A'r gwanwyn eto'n ôl drachefn,
A hau wnawn erwau ein dedwyddwch
A medi'r gân fu'n uno dau.

*Band Gŵyl Ganu Gwlad Llandudno TM. Charli Britton,*
*Geoff Betsworth, Iona ac Andy, Iain Bradshaw*

Mwynhau panad o goffi oeddwn i rhyw bnawn ddiwedd y 90au
yng nghartref Iona ac Andy, oedd yn byw yn y Bontnewydd ar
y pryd. Ac wrth ymweld â'r ardd heddychol oedd yno, dyma
sylwi ar yr holl lwybrau llysiau a pherlysiau oedd o gwmpas. A
meddyliais yn sydyn am yr holl lwybrau a droediwyd gan
ddeuawd canu gwlad mwyaf proffesiynol Cymru, boed hynny'n
golygu canu'n lleol neu'n rhyngwladol. A dyna ddarganfod
allwedd i gân newydd arall. Cynhwyswyd y gân honno gan y tri
ohonom ar y CD *Cerdded Dros y Mynydd*, a recordiwyd lawr y
lôn o 'Bont' yn Stiwdio Sain, Llandwrog yn Hydref 1997.

Arweiniodd llwybrau Cymru Iona ac Andy o'r Bontnewydd
yr holl ffordd i'r Bluebird Café yn Nashville, Tennessee ac o
Gaernarfon i theatr y Grand Ole Opry, hefyd yn Nashville,
pencadlys canu gwlad y byd.

Bu rhai cyfeillion cerddorol, minnau yn eu plith, yn cyfeilio
i'r ddeuawd hoffus yn aml ar ôl recordio tair CD efo nhw. A

dwi'n siwr y byddai'r drymiwr Charli Britton a'r basydd Gari Williams yn cytuno bod y nosweithiau hollol broffesiynol o berfformio yn Theatr Gogledd Cymru Llandudno ymysg y goreuon i ni eu cynnig i'n cyd-Gymry erioed. Cafwyd cyfuniad o ganu harmoni da, system sain Bryan Hatt (a fu'n gweithio efo'r Shadows, Tina Turner a Dafydd Iwan ymysg eraill) a goleuo a threfn llwyfan staff hollol broffesiynol y theatr, oedd ymysg goreuon ein gyrfaoedd.

Arferai'r ŵyl hon fedru denu rhai o fawrion canu gwlad America fel y Bellamy Brothers. (Dach chi'n cofio eu *hit* fwya, 'If I said you had a beautiful body'?). Hefyd Gretchen Peters ac Albert Lee ac eraill heb sôn am artistiaid gwledydd Prydain sydd â dilynwyr lu'n tyrru i Landudno i ddathlu gyda'u hoff gantorion. Mae hynny'n dod â budd economaidd annisgwyl o bosib i'r ardal efo llwyfannu sioeau proffesiynol blynyddol yno. Er na fu gwyliau tebyg yn ddiweddar, gobeithio y bydd awdurdodau'r ardal yn medru adfer adloniant sydd â galw mawr amdano.

Do, aeth 'Llwybrau Ddoe' â'r ddeuawd Iona ac Andy a'u caneuon i'r Bluebird Café a'r Grand Ole Opry, lle canodd y ddàu benillion Cymraeg ('Rhywun fel Ti') tra'n cydganu efo cyfansoddwraig y gân, Gail Davies a briododd Rob Price o Fwcle gerllaw'r Wyddgrug. Darlledwyd y gân ar y radio i bob cwr o'r Unol Daleithiau.

Mae Iona ac Andy yn gerddorion proffesiynol ers blynyddoedd bellach. Ond cyn i'w llwybrau groesi, athrawes ysgol gynradd oedd Iona tra roedd Andy'n athro Ffrangeg, yn werthwr gwinoedd, ac yn rheolwr siop. O Nantlle, Caernarfon y daeth Iona ac o Ddyffryn Conwy y daeth Andy, wedi i'w deulu symud i Benmaenmawr adeg yr Ail Ryfel Byd. Cyn troi at ganu gwlad, bu Andy mewn grwpiau roc a rôl yn y 60au a'r 70au.

Felly, ar ôl blynyddoedd hapus yn y Bontnewydd, Chwilog a Llanddona, Môn, crwydro llwybrau i'r Alban a wnaeth Iona ac Andy ar eu taith ddiweddaraf. A dyma setlo yn ardal Caeredin, er eu bod yn ymwelwyr cyson â Chymru o hyd gan barhau i ddod â'u canu gwlad arbennig nôl i'w henwlad at eu ffans ffyddlon trwy hyrwyddo casgliad diweddaraf ar CD sy'n cynnig rhai o ganeuon gorau eu tri CD diweddaraf i gwmni Sain.

Pwy a ŵyr na ddaw'r ddeuawd hoffus hyn yn ôl i Gymru ar ôl teithio llwybrau'r Alban am sawl blwyddyn bellach i drefnu rhagor o wyliau canu gwlad safonol yn nhre glan môr Llandudno fel o'r blaen?

# 15.
## Baled Lisa Jên

Roedd Lisa fach yr Hendre'n hogan ddel,
Roedd hi wedi colli'i chariad ffa la lal la lal,
Crwydrodd greigiau Aberdaron a glannau'r lli
I chwilio am flodyn sidan y deryn du
Ffa la la ...

Wrth fynd efo Deio i Dywyn
Heibio Mynydd Rhiw
Clywodd gân yr hedydd yn Fflat Huw Puw,
O fanno i harbwr Corc ar fora Sul
I chwilio am Robin, ond roedd Robin yn swil
Ffa la la ...

Weithiau mae geiriau caneuon gwerin traddodiadol o'u gweu'n gymwys ac yn gelfydd yn gallu arwain at greu caneuon eraill. Maen nhw'n gatalyddion. Mae hynny am fod y geiriau eu hunain yn swnio mor dda a naturiol o'u trawsblannu mewn cartref newydd. Ac yn aml gall arddull gerddorol hwyluso'r trawsblaniad hwnnw. Ac wrth feddwl yn y ffordd wahanol yma o gyfansoddi y ganwyd Lisa Jên o Lanbidinodyn a'i baled.

Gan mai arddull roc a rôl a ddewiswyd i adrodd hanes ei cherddediad roedd hwyl, wrth reswm, yn ganolog i'r cyfansoddi ac mi roedd tafod y cyfansoddwr yn ddwfn o sownd yn ei foch.

Roedd arddull piano 'bwgi-wgi' (term eisteddfodol, wrth gwrs!) yn hanfodol i'r gân fel yn 'Giatia Gresland', ei chwaer gân. A gan i mi recordio'r ddwy yn stiwdio Rockliffe yn Llandudno, roedd Simon Gardner, perchennog y lle'n adnabod tad a mab o'r dre oedd wedi eu trwytho yn yr arddull. Mae hi'n arddull na all fawr o neb ei dysgu i unrhyw fyfyriwr ar y berdoneg. Mae'n allu greddfol. Y mab, Dan Taylor, berfformiodd ar y ddwy gân ac fel sy'n digwydd yn aml mewn stiwdios recordio sydd â dyddiaduron llawn a phrysur, mae'r cyfansoddwr a'r pianydd roc a rôl eto i gwrdd!

Arddull gerddorol ar gyfer y piano, a ddaeth yn boblogaidd yn ystod y 1920au hwyr, mewn gwirionedd, yw 'bwgi-wgi'. Mae ei wreiddiau ymhlith cerddorion Affricanaidd-Americanaidd Chicago. Treiddiodd yn ddiweddarach i bob math ar gerddoriaeth boblogaidd ac i wahanol offerynnau, yn arbennig y gitâr.

Mae'n braf weithiau cael canu roc a rôl hwyliog yn lle rhyw farwnad werin hen-ffasiwn. Ac mae 'ffa la la la la la la Lisa Jên' yn haws o lawer i'w gofio nag ambell swp o eiriau pregethwrol, blodeuog ac ystrydebol. O gofio am boblogrwydd oesol roc a rôl hen-ffasiwn mae galw bob amser am rocar o gân i glirio'r gawod dandryff oddi ar eich ysgwyddau.

Roeddwn i'n talu teyrnged i Elvis Aaron Presley ym mhennod 'Giatia Gresland', ac yn wir yn trafod ei ddylanwad yn ehangach. Mae arnom ni gyfansoddwyr y gân boblogaidd yn yr iaith Gymraeg ddyled fawr iddo fo a'r rocars gwreiddiol ac arloesol o ganol y 50au ymlaen am chwalu rhagfarnau a hualau cerddorol ym mhobman, ac am agor y llifddorau a chyflwyno diwylliant poblogaidd i'r miliynau. Gwnaeth hynny yn ei dro fwydo'r diddordeb yn y gitâr i gymaint o gerddorion ifanc ymhob rhan o'r byd. A diolch i'r weiarles-radio'n ddiweddarach, cyrhaeddodd y chwyldro cerddorol hwn Gymru, a dechreuodd bechgyn a merched efelychu prif artistiaid y byd, a hynny yn Gymraeg.

Efallai ein bod ni'n cymryd hyn oll yn ganiataol erbyn hyn. Ond ni fyddai'n ddrwg o beth ein bod ni'n cofio am hanes gwreiddiau roc a rôl a rhai o'r mawrion fel Bob Dylan a'r Beatles, eiconau a ddaeth yn ddylanwadol iawn. Mae amryw ohonynt yn dal i droedio llwyfannau'r byd hyd heddiw, rhai yn agosáu at eu hwythfed degawd ar dir y byw. Mae hynny ynddo'i hun yn wyrthiol heb sôn am eu dylanwad ar fyd y gân bop bondigrybwyll am gymaint o ddegawdau.

# 16.

## Dail Hafana

Ar y cei yn nhref Sant Cybi
Roedd o'n sefyll yn y glaw,
Dail Hafana ar ei wefus
A siwtces yn ei law,
Daeth ar draws y don o Wicklow
I ganu clodydd ffrind,
A chyn diwedd naw ha'
Roedd Ronnie wedi mynd.

Syrth y glaw ar gerrig llwydion,
Mae pob enfys yn ddi-liw
Ers i'r trwbadŵr ffarwelio
A gadael cwmni'i griw,
Mae'r dyn o dre Dun Lagohaire
Yn canu yn y co'
A'r byd o Lŷn i Lundain
Yn dal i'w gofio fo;

Eu driog lais yn fudan
A'i locsyn sgwâr 'di mynd,
Pwy liwiodd eiriau'r beirdd?
Pwy ganodd gân mor driw?
Dim ond Ronnie Drew;
Ronnie Drew ar fy llw,

Mae O'Donoghues yn wylo
A'r triog lais yn fud,
A Raglan Road mor fudan
Â'r seintiau ar y stryd,
Ffarwel i'r wên wishgersyn,
Hwre i'r hwyl a'r gân,
Yn ôl daw alaw'r atgof,
Ymlaen â'r Liffey lân.

*Ronnie Drew*

Ym mis Awst 1999 ymwelodd yr Eisteddfod Genedlaethol â Llanbedrgoch, nid nepell o draethau Pentraeth a Benllech yn Nwyrain Môn. Esgorodd hyn ar fy wythnos brysuraf yn y Brifwyl ddeng mlynedd ar ôl mentro i fyd hunan-gyflogaeth. A dyma fu un o'r cyfnodau prysuraf yn fy hanes fel cerddor proffesiynol yn gyffredinol. Roeddwn wedi derbyn nifer o swyddi yn Eisteddfod Llanbedrgoch, led cae o gartref fy ail gefnder, y canwr opera Gwyn Hughes Jones, a thraeth eiconig Benllech, traeth 'Cofio dy wyneb'.

Mae hwn yn lle sydd mor agos at galon cymaint ohonom, lle sy'n dwyn cymaint o atgofion carwriaethol hogia Llangefni a'u cariadon ganol haf, yn cynnwys Ems o Langefni. A diolch iddo fo, fe'm gwahoddwyd i fod yn gyfarwyddwr cerdd y sioe deyrnged anferthol iddo yn y noson gyntaf o'i bath oedd yn rhoi llwyfan y Pafiliwn i ddiwylliant Cymraeg ar ôl cystadlaethau'r dydd yn y Steddfod. Roeddwn eisoes wedi mwynhau perfformio efo Mojo a Dafydd Iwan a'r Band yn ystod yr wythnos heb sôn am drefnu cyngerdd a threfnu band i Margaret Williams ar noson gynta'r Steddfod.

Roedd y noson honno'n dipyn o gontract ond mi aeth yn iawn.

Ond roedd noson fawr eto i ddod efo rhai o brif artistiaid y byd gwerin a gwlad ar y pryd oedd yn cynnwys Iona ac Andy, Linda Griffiths, Bryn Fôn a Mynediad am Ddim. Hywel Gwynfryn (pwy arall?) oedd i arwain y noson ac fe ddywedodd wrtha'i mewn cyfarfod drefnwyd i drafod y sioe mai'r caneuon fyddai sêr y noson, ei ddisgrifiad gwych o am yr arlwy. A dyna a gafwyd, caneuon gwych a pherfformiadau campus ar y noson.

Wrth ystyried y syrpreis y medrwn ei drefnu i Ems ar gyfer y noson, penderfynais holi trefnydd yr ŵyl ar y pryd, Hywel Wyn Edwards, a fedrwn ychwanegu canwr y Dubliners, Ronnie Drew i fod yn rhan o'r deyrnged i Ems, ac mi gytunodd Hywel.

Roedd gen i gysylltiad uniongyrchol â Ronnie ar y pryd drwy'r sacsoffonydd o Ddulyn, Keith Donald o'r band byd-enwog Moving Hearts oedd wedi dod i Gymru lawer gwaith i chwarae ar CDs ac mewn cyngherddau efo Mojo. Ef oedd rheolwr Ronnie ar y pryd. Roeddwn i a Tudur Huws Jones, brawd Ems wedi cael ein bwcio gan Keith yn 1998 i gyfeilio i Ronnie mewn canolfan chwaraeon yn ardal Bae Caerdydd. Felly trefnwyd y byddai Ronnie yn dod i Gaergybi ar fore'r noson deyrnged. A dyma yrru fy nghar at allanfa teithwyr y llong fferi o Iwerddon ar y bore bythgofiadwy hwnnw ym mis Awst 1999.

Heuwyd hadau'r gân 'Dail Hafana' rai blynyddoedd yn ddiweddarach. Ysgogwyd y teitl gan y ffaith mai dail tybaco Havana oedd cynnwys y sigârs anferth a smociai Ronnie. A dyna a smociai y tu allan i swyddfa cwmni fferi Caergybi. Fyddai Ronnie byth yn prynu sigârs rhad.

Yn ôl ei dystiolaeth ei hun, rhoddodd y gorau i smocio sigaréts a dechrau smocio sigârs yn 1963 gan gychwyn gyda sigârs o'r Iseldiroedd. Yna trodd at sigârs Cuba, ac yn arbennig Montecristo a Bolivar. Dyma, medd rhai, sigârs gorau'r byd. Yn wir, cyfeirir at sigârs Cuba yn gyffredinol fel 'puros Habana', sef sigârs Hafana. Gall y brandiau gorau gostio rhwng £500 a £600 am ugain. Ond prin bod Ronnie'n smocio rheiny! Y rheswm dros bris uchel rhai o'r brandiau yw bod y dail yn cael eu rholio â llaw fesul un ac un yn hytrach na bod y sigârs yn cael eu masgynhyrchu â pheiriannau.

Recordiwyd 'Dail Hafana' gyntaf gan Wil Tân, a'm hatgoffodd mai mewn cyngerdd gan Ronnie yn Theatr Gwynedd y cyfarfu Wil a minnau gyntaf. Coffa da am yr hyfryd le. Rhyfeddol yw'r holl gyd-ddigwyddiadau yma.

Trist iawn o hyd yw meddwl mai prin iawn naw mlynedd oedd rhwng y Steddfod Genedlaethol yn Llanbedrgoch, Môn a cholli Ronnie druan yn ddyn gwan di-locsyn o'r cancr yn 2008. Ond gadawodd gymaint ar ei ôl.

*Ronnie Drew*

# 17.

# Ac eraill ...

Na, nid hanes y band o'r 70au gyda Tecs, Cleif, Iestyn a Phil
Bach sydd gen i mewn golwg ond rhyw ail-edrych ar rai cerrig
milltir cerddorol eraill yn fy hanes trwy ganeuon, hynny cyn i
mi gau pen y mwdwl. Mae chwarae rhythmau gwahanol ar gitâr
acwstig yn gallu bod yn ffordd ddifyr o arbrofi'n gerddorol efo
sawl arddull. 'Dilyn y grŵf,' fel dudodd Endaf Emlyn, un o
dalentau mawr y byd cerddoriaeth gyfoes Cymraeg ac un o'm
hoff gyfansoddwyr.

Un arall o fy hoff gerddorion, fel y nodais, yw'r Gwyddel
Paul Brady, un a ddylanwadodd gymaint ar fy ngwaith. Mae
daearyddiaeth wedi bod yn rhan bwysig o fy addysg gerddorol
gan fod Llangefni, a Môn yn gyffredinol, yn lle mor dda i
dderbyn rhaglenni radio o dair gwlad o leiaf. Pedair os dach
chi'n cynnwys Ynys Manaw.

Cyn clwydo stalwm tra'n byw adra efo Mam cyn i mi briodi
yn 1986, fy nghyfaill gorau a fy 'athro cerdd' fyddai'r radio, oedd
yn medru codi prif orsaf Iwerddon, RTE. Ar yr orsaf honno
roedd yna gyflwynydd gwybodus a cŵl iawn, Mark Cagney. Bu'n
cyflwyno *Ireland AM* am ugain mlynedd. Mi fyddai o'n chwarae
prif artistiaid Iwerddon ac America. Fe'm cyflwynodd i gyfoeth
o gyfansoddwyr oedd yn oreuon yn eu maes ac yn gweithredu
fel dosbarth-feistri ym myd cyfansoddi caneuon. Felly hoffwn
ddiolch i fy 'athrawon', a Mark yn arbennig, er nad oeddan
nhw'n sylweddoli eu bod nhw'n fy nysgu.

Ymhlith yr arwyr hyn y dysgais amdanynt mae Jackson
Browne, Bob Dylan, Randy Newman, Warren Zevon, Paul
McCartney, John Lennon, George Harrison, Glenn Frey, Don
Henley, Dan Fogelberg, Mark Knopfler, Paul Brady, Christy
Moore ac Andy Irvine. Mae llawer yn Wyddelod, eraill yn
Americanwyr ac ambell i Sais hyd yn oed. Heb sôn am Dafydd
Iwan, Tecwyn Ifan, Endaf Emlyn, Geraint Jarman, Meic Stevens

a Chymry eraill a gyrhaeddodd fy nghlustiau a nghalon trwy wifrau'r weiarles ryngwladol dros y deugain mlynedd diwethaf.

Ie, deugain mlynedd o botsian efo roc a rôl a cherddoriaeth werin hynod ddifyr ac atyniadol o bob cwr o'r blaned gerddorol hon. Yn tystio i hyn mae'r cannoedd o albymau'n deillio nôl i'r 1970au sydd yn fy nghasgliad cynhwysfawr. Y nhw yw fy ffrindiau gorau, yn darparu gwleddoedd cerddorol ac yn stôr lenyddol mewn gwisg o gelf fodern.

Un arall o'r Gwyddelod anhygoel o dalentog rheiny sy'n dod â ni at gân a enillodd bowlen wydr ac ail wobr Cân i Gymru i mi yn 1988, sef 'Mor Glyd yw'r Byd', yw Donal Lunny o Newbridge, Kildare. Roedd y cerddor (byd-enwog erbyn hyn) a phrif bensaer y byd gwerin Gwyddelig wrthi'n cynhyrchu LP wych (ia, record cofiwch!) Jim O'Rourke, *Y Bont*, yn 1987. Mi roeddwn ar fin anfon y gân i gystadleuaeth Cân i Gymru pan fentrais ofyn iddo fasa fo'n ychwanegu ei hud cerddorol ati. Fe wnaeth, ac fe aeth y gân trwodd i'r rownd derfynol a chyrraedd y brig, bron iawn. Dim ond dau bwynt oedd ynddi yn y diwedd.

Roedd thema'r gân yn un sydd yr un mor berthnasol heddiw, sef mor ffodus ydyn ni o gael bod ymhell o ryfeloedd erchyll y byd. Ac mi roedd sain syntheseinydd Prophet 5 Donal wedi creu naws berffaith. Mi ddaeth draw i Landudno i chwarae efo fi a'r band ar noson y

*Bowlen wydr – ail wobr Cân i Gymru*

darllediad, chwarae teg iddo, ac yntau fel arfer yn cyfeilio'n gelfydd efo'i *bouzouki* i'r sêr. Mae'r sêr hynny'n cynnwys Christy Moore, Sharon Shannon, Moving Hearts, Planxty, Bothy Band, Kate Bush, Elvis Costello a Mary Black – ond nid yr un pryd â'i gilydd wrth gwrs!

Un o'r pethau y byddai Donal yn ei ddweud oedd 'Os ydych chi'n adeiladu rhywbeth yn iawn, mi fydd yn parhau'. A dyna geisiais innau ei wneud efo'r caneuon yma yn y stiwdio ar hyd y blynyddoedd – rhoi bywyd hir i'r caneuon a chynnal safon i sicrhau fod caneuon Cymraeg yn swnio lawn cystal â chaneuon o wledydd eraill.

Roedd bod yn swyddog cyhoeddusrwydd cyntaf i Gwmni Sain rhwng 1983-89 yn golygu cyfarfod cerddorion difyr o bryd i'w gilydd. A chyfnod Jim O'Rourke a'i albwm *Y Bont* (1988) oedd y difyrraf, siwr o fod. Roedd Jim wedi penderfynu cofnodi cysylltiad Gwyddelig a Chymreig ei deulu. Dyna arwyddocâd y teitl, *Y Bont*, sioe a aeth ar daith trwy Gymru. Roedd Jim wedi sicrhau gwasanaeth rhai o brif gerddorion Iwerddon fel Donal ynghyd â Davy Spillane a'r Cymry Dave Bell, Greg Harries a drymiwr Dire Straits, Terry Williams o Abertawe.

Datblygodd yr LP yn gyflym a bwciwyd dyddiadau taith pum noson. Ac i ddyfynnu Jabas unwaith eto, fe ges i 'brên-wêf'. Dyma awgrymu y gallai Mojo agor pob sioe, a chytunodd Jim. Dyma oedd dyddiadau cyhoeddus cyntaf Mojo yn ogystal â band diweddaraf Jim. Bu'r pecyn cerddorol a gaed bob nos mewn pum gwahanol ardal yng Nghymru gan yr holl gerddorion o'r ddwy wlad yn llwyddiant ysgubol. Roedd llawer o'r llwyddiant hwnnw i'w briodoli i fedrusrwydd rhyfeddol Hubert Mathias a'i griw, heb anghofio'r peiriannydd, Eryl Davies. Yn wir, y farn gyffredinol oedd mai dyma oedd un o'r pecynnau cerddorol gorau a glywyd yng Nghymru erioed.

Mae'r gân 'Adra o'r Diwedd' yn debyg o ran teimlad i Fonwysyn yn gweld Môn ar ôl taith hir. I Gaerdydd ac yn ôl, er enghraifft, tebyg i'r teimlad yng nghân fy nghyfaill Ems Huws

Jones, 'Goleuadau Sir Fôn', sef y teimlad bythgofiadwy o gyrraedd adref i'r fam ynys ar ôl bod oddi cartref cyhyd.

Ar ôl croesi'r afon (Menai, wrth gwrs) rhyw ddeng munud o siwrna sydd ar ôl i mi cyn cyrraedd adre ar ôl bod i ffwrdd; ymweliad â rhywle pell fel y Brifddinas, lle mae'n merch ieuenga'n byw erbyn hyn. Mae meddwl am y pellter rhwng tad a'i blentyn yn deimlad digon anodd o emosiynol, yn enwedig i dad sentimental-gerddorol. Ond fanno mae'r bobl ifanc am fynd. Does fawr o ddewis. Yn fanno mae'r gwaith a'r bywyd cymdeithasol y mae'n pobl ifanc yn ei chwennych.

Ddudis i wrth rywun ryw dro bod byw yn Sir Fôn fel bod ar wyliau drwy'r amser. 'Mae ganddo fo ormod o amser iddo'i hun', meddai un o ffrindiau'r wraig wrthi unwaith. Chwarae teg i'r ffrind! Help mawr! Ond mae'n anodd osgoi gwleidyddiaeth hyd yn oed mewn caneuon pop. Felly mae yna wleidyddiaeth leol a chenedlaethol a chenedlatholgar yn fy nghaneuon i hefyd. Anoddach fyth yw osgoi effaith mewnlifiad miloedd o shifft poblogaeth yn ein dyddiau ni a'r ffyrdd y mae'n rhaid delio â'r broblem mewn cymdeithas wâr a theg.

Mae yna Angylsi ac mae yna Sir Fôn. Ac mae dysgu cyd-fyw yn realiti diddorol dyddiol i ni, 'Fonwysion-Anglesonians', chwedl y Tywysog Wil Bodorgan a'r Dywysoges Cêt Cebl Bê (neu Porth Trecastell i ni) wrth hedfan dros yr ynys yn eu hofrennydd stalwm. Ond Monwysion ydan ni, beth bynnag ddywed neb. A Monwysion fyddwn ni.

Mae eistedd ar fws ar y ffordd i Fangor yn llanc 17 oed yn lle da i sgwennu cân hefyd yn enwedig os ydi hwnnw'n fws sy'n stopio ym Mhorthaethwy gyferbyn ag arwydd Ffordd y Ffair yn y dref, nid nepell o westy enwog y Fic. Llyfrgell recordiau feinyl dinas Bangor ers talwm oedd siop recordiau'r Cob. (Coffa da am berchennog y lle, y diweddar Dafydd Wyn Jones, Port, a heddwch i'w lwch).

Ac ar y ffordd yno oeddwn i pan sylwais ar arwydd Ffordd y Ffair. A dyma ddrws y dychymyg yn agor led y pen. Ac er mai dim ond llanc yn ei arddegau oeddwn i ar y pryd yn 1977, roeddwn i'n llawn atgofion am ddyddiau hudol Ffair y Borth a holl gyffro'r synhwyrau a greai'r peiriannau sioe fel carafanau, lorïau a cheir y *dodgems* heb sôn am gael anadlu aroglau'r bwydydd fel cŵn poeth a nionod, candi fflos ac afalau toffi. A rheiny'n gymysg ag aroglau persawr genod Borth fel rhyw *potpourri* o fflachiadau o ieuenctid wedi eu cywasgu i dri phennill a chytgan o dri munud a hanner. Ond sy'n para am byth.

Bum mlynedd yn ddiweddarach dechreuodd ail fywyd y gân hon. Rhan un oedd geni'r gân yn '77. Cyrraedd rownd derfynol Cân i Gymru wedyn oedd uchafwynt 1982. Fe recordiodd Eirlys Parri 'Ffordd y Ffair' wedyn yn 1988. A dewisodd Sain hi fel cân deitl i'w chasét. Dyna'r trydydd bywyd. A nawr, drwy'r CD sy'n gysylltiedig â'r atgofion hyn, dyma'i phedwerydd bywyd. Ie, pedwerydd bywyd cân a gychwynnodd ei hoes ar fws ym Mhorthaethwy pan nad own i ond llanc 17 oed.

Gweithiais mewn canolfan unwaith lle'r oedd aelod o'r staff yn casáu clywed y gân yn cael ei chwarae mor aml ar y radio. A phan fynegais bod rheolwr fy manc a minnau wrth ein boddau efo llwyddiant y gân (diolch i Radio Cymru) sylweddolodd y ferch ifanc ei bod yn siarad efo'r cyfansoddwr! Embaras!

Mae'r Borth yn un o drefi twtia Cymru, yn llawn o siopau a bwytai difyr heb sôn am fod yn safle godidog ar lannau'r Fenai yng nghysgod campwaith pensaernïol a pheirianyddol Thomas Telford. Ie, y bont a godwyd yn 1826 i hwyluso'r drafnidiaeth rhwng Llundain a Dulyn. Mae caneuon, o'u recordio, wrth gwrs, yn para am byth ac yn gysylltiad uniongyrchol yn ôl i flynyddoedd ieuenctid y cyfansoddwr fel rhyw DVD yn y cof, yn bont rhwng heddiw a ddoe.

Mae Ffordd y Ffair yn parhau yn yr un lle o hyd. Ac mae traddodiad y ffair yn parhau hyd heddiw, o'r Bala i Lanllyfni a Phorthaethwy, er fod yr oes wedi newid yn arw. Ac mae mwynhau disgwyl tymor y ffair o hyd yn union fel y cyffro sydd mewn edrych ymlaen am y Dolig. Ac y mae ei pharhad mor bwysig i ni, yn arbennig felly y rheiny ohonom a anwyd dan arwydd Tawrws, y tarw. Rydyn ni, Dawrwsiaid, yn casáu unrhyw newid i unrhyw draddodiad. Felly, gwae unrhyw un sy'n ypsetio'r cyfansoddwyr sensitif yma!

# Cydnabyddiaeth

Hawlfraint y llyfr: Tudur Morgan/Gwasg Carreg Gwalch 2020.
Hawlfraint y caneuon a'r recordiad: Tudur Morgan.
Recordiwyd y caneuon yn Stiwdio Rockcliffe, Bryn y Bia, Llandudno a Stiwdio Gwynfryn, Waunfawr gan Simon Gardner a Bob Galvin.
Pianos synth ac offer taro: Simon a Bob.
Piano ar 'Baled Lisa Jên' a 'Giatia Gresland': Daniel Taylor.
Mandolin: Dave Luke.
Gitâr drydan: Bedwyr Morgan.

Diolch i Geraint Davies, Hergest am ei 'waedd o'r Gorllewin'.

Lluniau gan Derec Owen.

Gwaith graffeg gan Charli Britton.

Recordiwyd 'Porth Madryn' a phrif lais 'Ceri Ann' yn Stiwdio Ty'n Rhos, Bryngwran, Môn, Tachwedd 2019 a Mawrth 2020 gan Rhys Jones.
Cynhyrchu, gitarau bâs, lleisiau, offer taro: Tudur Morgan
Piano drydan, synth, organ: Delyth Rees
Synth Prophet 5: Donal Lunny; Pib Isel: Tudur Huws Jones; Gitâr Drydan: Bedwyr Morgan; Cynhyrchu, Gitarau Acwstig, Bâs di-ffret, Congas, Offer Taro, Lleisiau: Tudur Morgan.

Recordiwyd 'Mor Glyd yw'n Byd' yn Stiwdio Sain gan Eryl B. Davies yn Hydref 1987

Facebook: Tudur Morgan

Atgofion drwy Ganeuon – y gyfres sy'n gefndir
i fiwsig ein dyddiau ni

**Linda**
*yn adrodd straeon*
SEIDR DDOE
ÔL EI DROED
PENTRE
LLANFIHANGEL
TÂN YN LLŶN
*a chaneuon eraill*

**Ems**
*yn adrodd straeon*
YNYS LLANDDWYN
COFIO DY WYNEB
PAPPAGIOS
Y FFORDD AC YNYS
ENLLI
*a chaneuon eraill*

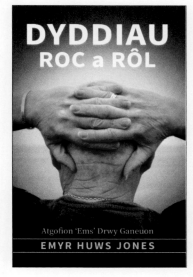

**Doreen**
*yn adrodd straeon*
RHOWCH I MI
GANU GWLAD
SGIDIAU GWAITH
FY NHAD
NANS O'R GLYN
TEIMLAD
CYNNES
*a chaneuon eraill*

**Richard Ail Symudiad**
*yn adrodd straeon*
Y FFORDD I
SENART
TRIP I LANDOCH
GRWFI GRWFI
CEREDIGION
MÔR A THIR
*a chaneuon eraill*

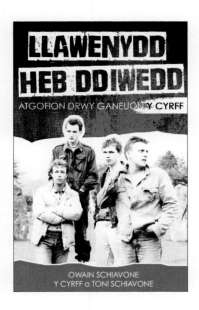

**Y Cyrff**
*yn adrodd straeon*
CYMRU LLOEGR A
LLANRWST
ANWYBYDDWCH
NI
DEFNYDDIA FI
IFANC A FFÔL
*a chaneuon eraill*

**Geraint Davies**
*yn adrodd straeon*
DEWCH I'R
LLYSOEDD
HEI, MISTAR URDD
UGAIN MLYNEDD
YN ÔL
CYW MELYN OLA
*a chaneuon eraill*

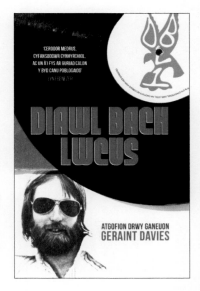

**Ryland Teifi**
*yn adrodd straeon*
NÔL
YR ENETH GLAF
BRETHYN GWLÂN
LILI'R NOS
PAM FOD EIRA
YN WYN
MAN RHYDD
*a chaneuon eraill*

**Neil Rosser**
*yn adrodd straeon*
OCHR TREFORYS
O'R DRE
DYDDIAU ABER
MERCH Y FFATRI
DDILLAD
GITÂR NEWYDD
*a chaneuon eraill*

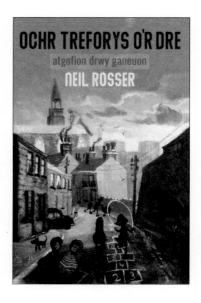